| 아동과 청소년 문제해결 시리즈 *1* |

 이혼가정의 아동

_부모의 이혼으로 힘들어하는 아이를
어떻게 도울 것인가?

| 아동과 청소년 문제해결 시리즈 1 |

# 이혼가정의 아동
### 부모의 이혼으로 힘들어하는 아이를 어떻게 도울 것인가?

김유숙 · 박진희 · 최지원 지음

INNER BOOKS 이너북스

## 서문

### 이혼이

더 이상 특이한 일이 아닌 시대에 살고 있지만 내가 당사자가 되어 이혼을 하고 자녀들을 양육해야 한다면 참으로 가슴 아프고 어려운 일이 아닐 수 없을 것이다. 부부는 헤어지면 남이 되고 더 이상 배우자로서의 역할을 하지 않아도 된다. 그러나 자녀가 있다면 이혼을 하더라도 부모 역할은 계속되기 때문에 이혼이라는 큰 변화 앞에서 부모로서 어떻게 하는 것이 잘하는 것인지에 대한 고민이 클 수밖에 없다. 더욱이 부모의 이혼으로 이미 큰 상처를 입은 자녀들에게 더 이상의 상처를 입히지 않고 잘 키우고 싶은 마음은 혼자된 부모들의 공통된 마음일 것이다. 이 책은 이혼과정에 있는 부모들에게 조금이라도 도움을 주고자 하는 마음에서 쓰게 되었다.

이 책을 읽으면서 이혼한 부모들이 하소연하고 궁금해하는 심정을 조금이라도 해결했으면 하는 마음이다. 부모가 이혼에 대한 자녀의 심리를 이해하고, 이에 적절히 반응하는 방법을 알고 있다면 부모가 느끼는 불안감도 줄어들 것이다. 이혼을 하지 않는 것이 자녀들에게 최선이겠지만, 그렇지 못한 경우에는 현실에 적응하고 그 안에서 안정을 찾도록 돕는 것이 최선이기 때문이다. 이 책이 자녀가 안정을 찾고 부모로서 느낄 수 있는 기쁨과 보람을 되찾는 데 작은 도움이 되길 바란다.

우리는 아동이나 청소년에 대한 지속적인 임상적 경험을 토대로 이 책을 썼다. 그동안 다양한 사례를 경험하면서 부모들이 자녀의 어려움을 정확히 이해하지 못한 채 눈앞에서 벌어지는 여러 가지 문제에 당황하는 것을 자주 보았다. 어떤 부모는 이를 실제 문제보다 과장해서 바라보고 지나친 반응을 보이기도 하며, 어떤 부모는 무심하게 지나쳐 버리기도 한다. 우리의 경험에 의하면 어느 쪽이든 부모가 자녀의 어려움을 정확히 이해하지 못한다는 것은 문제를 해결하는 데 도움이 되지 못한다.

아동·청소년을 둘러싼 가족이나 전문가에게 도움을 주고 그들과 관련 지식을 함께 나누고 싶다는 열망을 가지고 현장에서 자주 볼 수 있는 몇 가지 문제를 선택하여 '아동과 청소년 문제해결' 시리즈를 구성했다. 이 시리즈는 기본적으로 세 파트로 구성되었다. 첫 번째 파트는 각 문제행동에 대한 정확한 이해를, 두 번째 파트는 이들을 돌보는 가족이나 전문가에 대한 조언을, 세 번째 파트는 이들과 상호교류하는 데 유용한 여러 가지 놀이나 게임을 소개했다.

이 책의 출판과 관련하여 많은 분들에게 감사한다. 우리의 열정과 아이디어만을 믿고 책의 출판과 여러 가지 놀이도구를 제작하도록 허락해 주신 학지사의 김진환 사장님과 세심하게 편집을 해준 신경아 씨에게 감사드린다. 학교와 센터를 오가면서 많은 시간 책의 집필이나 놀이도구의 개발에 힘쓴 우리들을 불평 없이 지켜봐 준 가족들에게도 고마움을 전한다. 그러나 우리에게 많은 지식을 준 내담자들이 없었다면 우리는 아무것도 할 수 없었을 것이다. 이 '아동과 청소년 문제해결' 시리즈의 모든 지식은 그동안 우리와 함께했던 내담자들을 통해 배웠던 것이라는 점을 밝히면서 일일이 이름을 밝힐 수 없는 많은 분들께 감사를 전한다.

*한스카운셀링센터에서*
*저자 일동*

## 차례
CONTENTS

서문 5

## Part 1
### 이혼, 어떻게 바라볼 것인가 10

_ 이혼을 어떻게 바라볼 것인가  13
_ 이혼은 가족에게 어떤 영향을 미치는가  21
_ 이혼가정의 자녀는 어떤 정서적 특징이 있는가  29
_ 이혼이 가정 붕괴일까  43

## Part 2
### 이혼 후, 자녀를 어떻게 키워야 하나 48

_ 부모 모두가 알고 있어야 할 사항  51
_ 공동 양육할 경우 알아야 할 사항  61
_ 혼자 양육할 경우 알아야 할 사항  94
_ 자녀의 연령에 따른 이혼에 대한 반응  105
_ 자녀의 연령에 따른 비동거 부모와의 만남방법  108

# Part 3
## 부모의 이혼으로 힘들어하는 아이를 도울 수 있는 활동들 120

_ 이혼과정에서 부모가 자녀를 위해 가져야 하는 태도 및 놀이방법 124
_ 이혼과정에서 나타나는 자녀의 문제 양상 및 놀이방법 144
_ 이혼가정 아이들의 심리기저 양상에 따른 놀이방법 154

〈부록〉 이혼 후 자녀와 관련된 법적인 문제 171
참고문헌 178
찾아보기 180

# Part 1

## 이혼, 어떻게 바라볼 것인가

_ 이혼을 어떻게 바라볼 것인가
_ 이혼은 가족에게 어떤 영향을 미치는가
_ 이혼가정의 자녀는 어떤 정서적 특징이 있는가
_ 이혼이 가정 붕괴일까

## 이혼을 어떻게 바라볼 것인가

시대의 변화에 따라 새롭게 등장하는 다른 여러 가지 가정문제와는 달리 이혼은 어느 시대에나 존재해 온 문제다. 이처럼 오랜 시간 지속되어 온 문제가 최근 들어 새삼스레 사람들의 관심을 받는 것은 이혼율 증가와 관련이 있을 것이다. 최근 이혼 동향에 대한 이야기를 나누기 전에 먼저 임상현장에서 만났던 두 사례를 소개한다.

### 첫 번째 호소문제

딸아이가 부부싸움을 하던 중 남편에게 맞았다. 결혼생활 2년 만에 처음 당하는 일이어서 놀란 딸은 내게 달려와 울면서 호소했다. 나는 이 말을 듣고 "그런 놈하고 왜 사니? 헤어져! 요즘이 어떤 세상인데……."라고 단호하게 말했다. 딸아이는 저녁에 집에 온 남편에게 "엄마가 가정폭력은 이혼감이래. 반성해!"라고 말했고 이 말에 흥분한 사위는 딸아이를 정신없이 때렸다. 그 길로 집을 나간 사위는 3일째 소식이 없다. 20~30년 전도 아니고 요즘 세상에 이혼을 부끄럽게 생각할 필요가 없는데 세상 어떤 부모가 참고 살라고 하겠나.

### 두 번째 호소문제

초등학교 3학년인 아들이 학교에서 친구를 때려서 담임선생님에게 불려 갔다. 우리 아들은 평소 그렇게 난폭한 아이가 아니어서 담임선생님도 호의적으로 대해 주었으며, 피해 학생 가족과 화해를 주선하여 여러 번 만나는 과정에서 자연스럽게 우리 집 사정을 이야기하게 되었다.

우리 부부는 사이가 안 좋은데, 아이 때문에 산다. 난 남편과 결혼하자마자 이 결혼은 문제가 있다고 생각하며 후회하기 시작했고 그런 사이에 아이가 생겼다. 싸울 때마다 '아이가 없었으면…….'이라고 수도 없이 생각했으나 아이를 위해 가정을 지켰다. 이런 내 말을 들은 선생님이 "성호 어머님이 가깝게 느껴져서 하는 말인데 부모가 계속 싸우면서 무조건 가정을 지키는 게 성호에게 도움이 될까요? 한번 신중하게 생각해 보세요."라고 조언해 주었다. 우리 어머니도 우리를 위해 아버지와 애정은 없었지만 결혼생활을 유지해 왔고 나는 그런 어머니를 고맙게 생각한다. 지금까지 난 어머니처럼 자녀를 위해 결혼생활을 유지하는 게 최선의 방법이라고 생각했는데…… 혼란스럽다. 선생님 말처럼 부모가 싸우는 것보다 이혼하는 게 나은지 알고 싶다.

이 두 사례를 통해 우리 사회가 이혼을 둘러싼 가치관이 얼마나 달라졌는지를 단적으로 알 수 있다. 이는 지난 40여 년간의 우리나라 이혼의 증가율을 보면 더욱 확실히 알 수 있다.

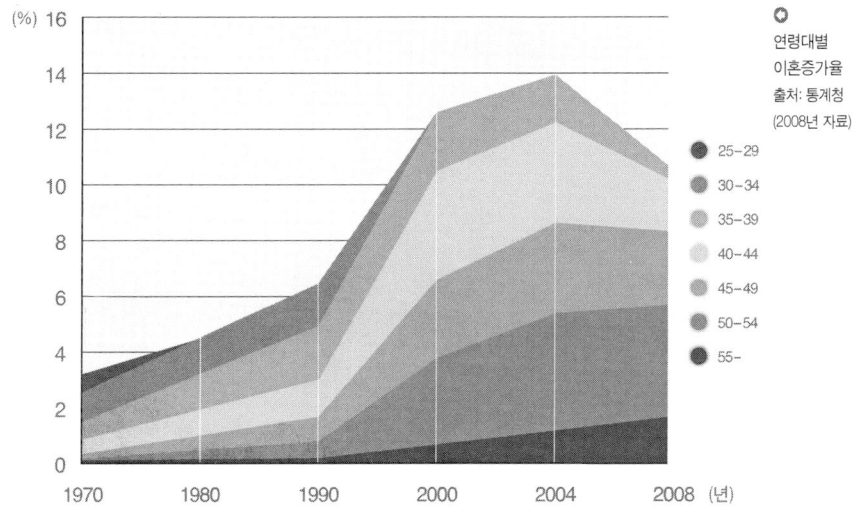

우리나라는 1990년대를 기점으로 이혼율이 급격히 상승했다. 이 같은 현상은 서구사회에서도 나타났는데, 제2차 세계대전의 혼란이 진정된 1960년경부터 그동안 완만한 곡선을 그리던 이혼율이 급격히 상승했다. 서구사회나 우리나라의 이 같은 급격한 이혼율의 증가는 이혼법의 개정으로 이혼이 쉬워졌다는 점과 사회적 가치의 변화와 관련이 있다고 볼 수 있다. 이러한 변화와 함께 이혼율의 증가는 하나의 사회현상으로 끝나지 않고 또 다른 문제를 파생했다.

모든 변화가 그렇듯이 이혼도 이전의 가치에 새로운 가치가 덧붙여지는 형태로 변화하기 때문에 우리 사회는 이혼에 대해 양가

적인 태도를 보인다. 즉, 시대의 흐름에 유연한 사람들은 이혼을 또 다른 가정생활의 형태라고 받아들인다. 그러나 이전의 가치를 중요하게 여기는 사람들은 여전히 성격적으로 결함이 있는 사람이 이혼을 한다는 생각을 버리지 못한다. 이러한 사회의 이중 잣대가 이혼 당사자를 더욱 당혹스럽게 만든다.

이혼한 부부에게 자녀가 있다면 문제는 더욱 복잡해지는데 이혼과 자녀에 관한 생각도 시대에 따라 변화했다. 자녀는 부부를 이어 주는 연결고리라고 보면서 자녀를 위해서라면 힘든 결혼생활도 이겨 내는 것이 미덕이라고 믿던 시대도 있었다. 그러나 최근에는 불행한 가정에서 사는 것보다 한부모 밑이라도 정서적으로 안정된 생활을 하는 것이 바람직하다는 생각이 늘어나고 있다.

1960년대부터 서구사회에서는 감정적으로 균열된 부모와 함께 생활하는 것보다는 한부모라도 안정된 환경에서 생활하는 것이 자녀에게 바람직하다는 적극적인 생각 속에서 이혼을 선택한 부모들이 늘어나고 있다. 그런데 이후 서구사회에서는 불행한 생활에 종지부를 찍는 것이 자녀들의 심리적 안정으로 이어지는지에 대한 논란이 있다. 이 같은 논란은 이혼한 부부의 자녀들이 면접권이나 양육비 지불의무 이행과 관련한 부모의 갈등에 휘말려 심리적 부적응을 보이는 경우가 있기 때문이다. 한국사회에서 1990년 이후 이혼이 급증했다는 점을 고려해 볼 때 앞으로 우리 사회에서도 끝나지 않는 부부의 갈등에 휘말리는 아동이 늘어날 가능성이 높다.

이혼은 가족문제인 동시에 사회문제이기 때문에 이혼에 대해 우리 사회 전체의 관심이 늘어나면서 신문, 주간지에 자주 언급될 뿐 아니라 이에 관련된 서적도 다수 출판되었다. 그런데 대부분의 서적은 이혼을 오래전부터 계속된 문제와 새롭게 드러난 문제가 한꺼번에 합쳐진 거대한 문제 덩어리로 언급하면서 이혼이 정당하다고 주장하는 측과 이혼으로 빚어지는 문제를 지적하는 측의 논쟁을 다루고 있다. 과연 이혼에 대해 옳고 그름을 따지는 것이 의미 있는 일일까? 오히려 현재 우리를 덮친 이혼이라는 거대한 사회현상의 파도로부터 자신이나 자녀에게 미치는 영향을 최소화할 수 있는 방법이 있는지를 찾는 것이 보다 현실적이라고 본다. 파괴

적인 이혼을 지양하면서 이혼이 단순한 가정파탄이 아니라 성장의 디딤돌이 되도록 돕는 것이 바람직하다.

    이혼을 둘러싼 상담은 자칫 서로 다른 첨예한 주장에 휘말려 흑백을 가리는 대립과정으로 부각되기 쉽다. 그러나 이혼이란 부부관계의 해소를 다루는 동시에 자녀라는 절대로 나눌 수 없는 대상에 대해 어떻게 대처할 것인가에 관해서도 다루어야 한다. 이혼을 염두에 둔 대부분의 부부는 상대방을 비난하거나 공격하면서 자신이 자녀를 양육할 수 있는 적임자라고 주장한다. 그런데 정작 이 같은 논쟁의 중심에 당사자인 자녀의 의견이나 감정을 배제한 채 부모의 이해관계에만 몰두하는 경우가 많다. 따라서 이혼을 앞둔 경우에는 자녀를 하나의 인격체로 보면서, 부모와 자녀의 심리적 원조나 가족 재통합과 관련된 프로그램이 필요하다. 많은 부모들은 이혼을 한 이후에 자녀의 상처를 치유하기 위해 상담기관에서 심리적인 원조를 받는다. 그러나 이혼과정 중에는 깨어진 부부관계 때문에 자녀와 충분한 의사소통을 하지 못한 채 본의 아니게 자녀에게 상처를 주는 경우가 많다. 따라서 이혼과정에서 자녀가 받을 외상적 경험을 최소화하기 위해 이혼 이후보다는 이혼과정에 있는 자녀들이 심리적 도움을 받는 것이 바람직하다.

자녀들이 부모의 이혼 때문에 정신적 타격을 받는다는 사실은 이미 알려져 있으나, 이혼과정에서 드러나는 자녀의 정서적인 문제는 거의 고려하지 못하고 있는 실정이다. 이혼을 결심한 어른들에게 이혼과정은 이혼에 수반되는 개인적 고민을 제외하고서라도 자신이 아버지와 어머니의 역할을 모두 수행해야 한다는 자녀 양육에 대한 부담감 때문에 힘든 시간이다. 그러나 긴장된 가정환경에 있는 자녀도 본의 아니게 자신의 성숙 수준을 넘어선 역할을 해야 하므로 그들 역시 심한 정서적 스트레스를 경험한다. 따라서 이혼과정에 관여하는 전문가는 당면한 이혼문제가 사회적 규범에 비추어 정당한지 여부를 판단하기보다는 가족의 심리상태와 상호작용을 고려하여 이혼이 개인의 심리적 성장이나 가족의 행복에 어떤 영향을 미칠지 판단할 수 있어야 한다. 이는 이혼을 해야 하는지 말아야 하는지의 현실적인 고민에만 매달리지 말고 이혼을 고려하는 사람들의 심리적 문제로 연결시킬 수 있어야 함을 의미한다. 임상 경험에 의하면 배우자와의 관계에서 조화를 이루지 못한 채 이혼을 고려하면서 상담소를 찾은 사람들이 상담을 하는 동안 자신의 근본적인 심리적 문제를 바라보고 그것을 해결해 나간다.

이혼을 고려하는 사람들에게 이혼이란 순탄한 삶을 위협하는 존재라는 것은 부인할 수 없으나 후회나 실망을 하기보다는 자신과 자녀를 위해 보다 적극적인 미래를 설계하려는 노력이 바람직하다. 힘들었던 과거에 집착하지 않고 미래에 관심을 갖는다면 대처능력이 향상되어 오히려 그 이후 살아가는 데 원동력으로 삼을 수 있는 긍정적인 부분을 이끌어 낼 수 있다. 반대로 과거의 상처

에 연연한 채 자신들의 강점이나 탄력성을 찾지 못한다면 부부는 자신을 인생의 낙오자로 인식하게 될 것이다. 이처럼 부모가 심리적으로 위축되면 자녀는 혼란스러워 하면서 문제행동을 드러낸다. 이혼이라는 자신의 문제에 자녀의 문제행동이 덧붙여져 더욱 힘들어진 부모가 부모로서의 역할을 충분히 수행하지 못하고 이것은 또다시 자녀의 문제로 이어지는 악순환을 만들어 여러 가지 어려움을 유발하기도 한다.

## 이혼은 가족에게 어떤 영향을 미치는가

일반적으로 이혼은 가족관계의 분열로 인식되는데, 이때 보이는 정서적 과정과 해결해야 하는 과제를 아래의 그림으로 제시하였다.

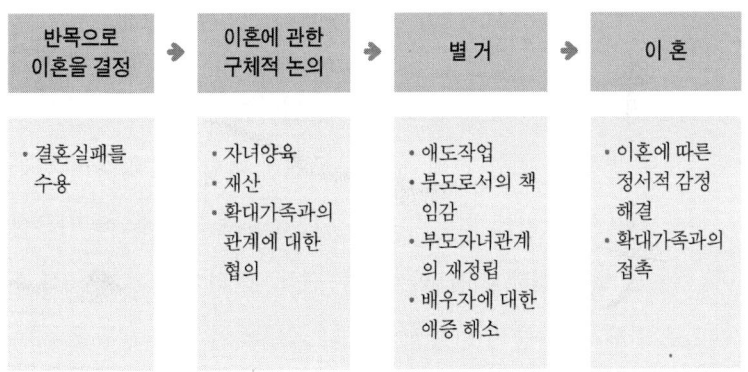

이혼 절차에 따라 해결해야 할 과제

일반적으로 이혼가정의 부모들은 이혼 후 자녀에게 나타나는 문제행동을 완화시키기 위해 심리치료를 받게 한다. 그런데 자녀만 치료를 받기보다 부모가 그러한 과정에 함께 참여한다면 치료 효과는 더욱 높아진다. 가족은 한 조각이 흔들리면 모든 조각이 흔들리는 모빌과 같아서 이혼을 당사자인 부부만의 문제로 다룰 것이 아니라, 자녀에게 직접적인 영향을 주기 때문에 전체 가족의 문제로 다루는 것이 필요하다. 또한 이혼이 자녀에게 줄 충격도 이혼에 대한 부모의 반응, 이혼까지의 에피소드, 그 이후의 결과 등 전체 맥락 속에서 살펴보아야 한다.

일반적으로 이혼하기 전 부부싸움과 같은 부모의 불화로 인해 긴장된 가정 분위기가 이어지면 자녀들은 굉장한 일이 일어날지 모른다는 공포감을 가진다. 그러다가 어느 한쪽의 부모가 집을 나가는 별거 사태가 벌어지면 자녀들은 심한 정신적인 동요를 경험하게 되는데, 이때 연령에 따라 다른 행동을 한다. 즉, 유아기나 초등학교 저학년처럼 어린 자녀는 살 집, 음식 등 살아가는 데 필요한 것을 자기 혼자 해결하지 않으면 안 된다는 구체적 이미지가 공포감으로 변한다. 또한 함께 사는 부모에게 버림받지 않을까 하는 두려움 때문에 나이에 걸맞지 않은 어른스러운 행동을 하기도 한다. 이와는 달리 십대의 자녀는 슬픔, 분노, 죄의식 등의 정서적 혼란으로 인해 도벽 등의 반항적 태도나 극단적인 퇴행 행동을 하는 경우도 있다. 이는 그들이 경험하는 상실감이나 슬픈 감정을 가족 모두가 함께 공유할 수 없기 때문에 슬픔이나 분노 감정을 행동으로 표현하는 것이다. 어린 아동의 경우에는 수면장애, 식욕부진, 두통이나 복통 등의 신체적인 증상으로 나타날 수도 있다.

## 이혼이 부부에게 어떤 영향을 미치는가

이혼 당사자인 성인은 언제나 모순된 정서적 태풍 속에 있다. 자녀에 대한 죄책감, 한 개인으로서의 패배감, 자신에 대한 연민, 불안, 분노 등이 뒤엉켜 그들은 심리적으로 불안정하다. 특히, 이혼을 결단하지 못하는 시기의 감정은 그 강도가 상당히 강하다. 이혼을 결심하고 실행에 옮기면 일종의 안심감 같은 것이 생기는 것도 사실이지만 한편으로는 예상하지 못했던 우울감이 엄습한다. 그 시기에는 아무것도 손에 잡히지 않는다는 호소를 많이 한다. 일단 이혼이 성립되면 지금까지 예기하지 못한 마음의 동요, 배우자에 대한 원망과 미움이 강해져서 한동안 상실감에 빠지게 된다. 이러한 과정을 거치면서 안정감을 되찾기까지 여성은 평균 3년 반, 남성은 2년 반 정도 걸린다는 연구보고도 있다. 변화란 그 자체가 상실감을 수반하는 것이므로 이혼을 한 사람이라면 누구도 이러한 감정에서 자유로울 수 없다. 따라서 자신이 느끼는 상실감이 어떤 것인지 이해하는 것이 중요하다. 즉, 자신은 무엇을 어떤 형태로 잃었으며, 그 속에서 지켜낸 것은 무엇인지, 그 결과 어떤 변화가 있는지를 생각해 보는 것이 좋다.

이혼은 전통적인 가족생활주기에서 벗어나는 것이므로 다시 자신의 생활주기를 되찾고 정서적 안정을 가지는 데까지는 오랜 시간이 걸린다. 이 같은 시간을 보다 수월하게 지나기 위해서는 각 배우자가 별거나 이혼과정에서 결혼생활에 실패할 경우 예상되는 문제에 대해 충분한 논의과정이 있어야 한다. 즉, 자녀와 관련된 양육권이나 방문권의 문제, 경제적 문제와 같은 구체적인 사항에 대해 자신들이 해야 할 부분을 명확히 정하는 것이 필요하다.

## 이혼이 자녀에게 어떤 영향을 미치는가

자녀를 두고 집을 나갔던 어머니가 아이들을 만나러 3년만에 남편에게 연락을 했다. 그동안 아버지는 초등학생 남매를 데리고 귀향하여 어느 정도 안정된 생활을 하고 있었다. 아버지는 자녀를 만나러 온 어머니에게 한동안 아이들이 도시생활과 어머니를 그리워했지만 지금은 달라진 자신의 모습에서 안정감을 느끼고 잘 적응하고 있다고 말했다. 아버지는 자녀와 자신이 만든 가족이라는 공동체를 지키기 위해 "지금 생활이 깨지니까 제발 만나지 말아 달라."고 애원했으며 어머니는 자녀를 위해 먼발치에서 아이들의 뒷모습만 지켜보다가 그대로 서울로 왔다.

내가 만난 내담자의 사례인데 이 어머니의 행동은 과연 자녀를 위한 것일까? 이 부부는 자신들의 가치나 감정을 충분히 나누고 헤어질 것을 결정했으나, 이것을 결정하는 과정에서 자녀들의 의견은 배제되었다. 대부분의 경우 성인들의 관점에서 이혼과정에 따른 자녀의 상실감과 대처방법, 이혼에 대한 적응과정을 바라본다. 자녀의 목소리에 귀를 기울이면서 그들의 입장에서 이혼 문제를 생각하는 경우는 많지 않다. 다음 그림은 부모의 이혼 당시 자녀들이 느끼는 감정을 정리해 본 것이다.

우리나라에서는 이혼이 급증하고 있으나 서구사회에 비해 이혼가정과 그 자녀에 대한 연구가 미흡하다. 앞에서도 언급한 것처럼 이혼과정을 적절히 극복하지 못하면 적응이나 정서적, 행동적인 어려움을 초래한다. 특히 이혼가정 자녀의 적응을 돕기 위해서는 환경적, 경제적 지원뿐 아니라, 자녀에게 부모의 이혼을 이해시키거나 함께 살고 있지 않은 부모와의 관계를 잘 맺도록 돕는 등의 심리적 배려도 중요하다.

월러스타인 J. Wallerstein은 이혼가정의 자녀가 감당해야 할 과제를 다음과 같이 언급하고 있다.

첫째, 자녀들은 가정이 파괴되었다는 현실을 받아들일 필요가 있다.

둘째, 부모의 갈등에 영향을 받지 않고 자신들의 일상적인 생활을 해 나가야 한다.

셋째, 가족이 해체되거나 변화하는 것에 대처할 힘을 길러야 한다.

넷째, 분노나 죄책감과 같은 정서적 문제를 해결하고 부모를 용서할 수 있어야 한다.

다섯째, 이혼이 바꿀 수 없는 사실이라는 점을 받아들인다.

여섯째, 사랑을 주고받는 능력, 인간관계에 대한 현실적인 기대를 가져야 한다.

첫째, 자녀들은 가정이 파괴되었다는 현실을 받아들일 필요가 있다.

둘째, 부모의 갈등에 영향을 받지 않고 자신들의 일상적인 생활을 해 나가야 한다.

셋째, 가족이 해체되거나 변화하는 것에 대처할 힘을 길러야 한다.

넷째, 분노나 죄책감과 같은 정서적 문제를 해결하고 부모를 용서할 수 있어야 한다.

다섯째, 이혼이 바꿀 수 없는 사실이라는 점을 받아들인다.

여섯째, 사랑을 주고받는 능력, 인간관계에 대한 현실적인 기대를 가져야 한다.

# 이혼가정의 자녀는
# 어떤 정서적 특징이 있는가

{ 분 노 }

분노는 갈등이나 문제를 해결할 때 자신들이 사용한 해결방식과 현실의 괴리가 커서 일어나는 감정이다. 적개심과 비슷한 감정이지만 적개심이 밖으로 표현하는 행동이라면 분노는 내적 마음의 상태를 의미한다. 분노는 살아가는 데 필수적인 부분으로 이런 감정을 느끼지 못하는 것 자체가 정신건강에 해로울 수 있다. 이같은 분노를 일으키는 가장 큰 원천은 욕구좌절인데, 이혼가정의 자녀들은 환경적으로 다른 아동보다 많은 좌절을 경험할 가능성이 크다. 이혼하는 부모나 그 자녀의 경우 이혼 전부터 경험한 이같은 좌절감이나 불쾌감이 이혼과 동시에 어느 정도 사라지지만 또 다른 한편으로는 새로운 좌절이나 불쾌감을 갖게 되는 것이 일반적이다. 이 과정에서 이전의 분노 감정도 충분히 해결되지 못한 채 새로운 분노를 가진다면 아동은 무척 힘들어질 것이다. 예를 들어, 부모가 이혼했다는 것에 대한 분노를 표현하기도 전에 함께 사는 어머니가 돈을 벌기 위해 집을 많이 비우게 된다면 이에 대한 분노로 아동은 안정감을 잃게 될 수 있다.

　분노를 처리하는 방법으로 이혼가정의 자녀들은 분노 자체를 부인하는 방법을 자주 사용한다. 부인이란 다른 사람에게 자신의 분노를 드러내기 두렵기 때문에 무의식적으로 생기는 것이다. 때때로 부모의 이혼으로 분노를 느낄 만한 상황에서 그들의 감정을 물어도 자신에게 분노가 있다는 것을 의식하지 못하거나 합리화하기도 한다.

　부모가 이혼한 경우에 악몽을 자주 꾸는 아동이 있는데, 이것은 분노를 의식하기 두려워하면서 지나치게 억제하는 것에서 비롯된다. 깨어 있는 동안 드러내지 못한 분노는 꿈에서 강도나 괴물로 표현되어 자신을 침입하기도 한다. 불법 침입자는 아동이 의식적으로 받아들일 수 없어서 무의식으로 몰아낸 분노가 변형된 형태다.

　분노를 지나치게 오랫동안 억압하면 갑자기 흥분하거나 틱<sub>tic</sub>과 같은 신체적 증상으로 나타나기도 한다. 긴장수준이 지나치게 높으면 아동은 극도로 긴장하여 땀을 흘리고 숨을 헐떡이면서 죽을지도 모른다는 불안발작을 일으킬 수도 있다. 때로는 자신의 분노 감정을 헤어진 부모에게 투사시켜서 부모가 자신을 미워한다고 느끼기도 한다. 어떤 아동은 부모가 아프거나 다칠까 봐 지나치게 두려워하는데, 이는 부모를 다치게 하고 싶다는 자신의 무의식적인 소망을 숨기기 위한 반사적 행동이다. 어떤 아동은 자신의 분노 때문에 느끼는 죄책감을 완화하기 위해 우울증에 빠지는 경우도 있다.

## 부인

자신을 방어하는 가장 원초적인 방법이 어떤 사실을 인정하지 않고 부인하는 것이다. 부모들의 성격 특성, 상호작용이나 양육 방식에 따라서 자녀가 부모의 이혼에 대해 강하게 부인하기도 한다. 특히 자녀들은 자신들과 의논하지 않고 부모의 이혼을 일방적으로 통보받으면 부모의 이혼을 믿을 수 없다고 부정하는 경우가 많다. 이때 함께 살다가 떠난 부모가 이제 더 이상 함께 살지 못한다는 점을 반복적으로 설명해도 자녀는 부모가 되돌아올 것이라고 믿는다. 이들은 놀이나 게임, 판타지에서 떠나간 한쪽 부모를 등장시키거나 때로는 떠난 부모의 억양, 몸짓을 그대로 흉내 내면서 부

모가 재결합하기를 희망한다.

　자녀는 부모와 함께 살지 못한다는 것을 부인하는 방법으로 떠난 부모의 어떤 물건이나 애완동물에 집착하는 경우가 있다. 예를 들어, 떠난 부모가 이전에 사용하던 의자에 누가 앉으면 적개심을 드러내기도 한다. 이것은 떠난 부모의 안녕에 대한 관심을 다른 것으로 대치시키는 것이다. 떠난 부모의 결점을 부인하고 이상화하는 것도 자주 보이는 반응인데, 이 같은 이상화는 떠난 부모의 무관심에 대한 부인이다. 자녀들은 오랫동안 찾아오지 않는 부모가 여전히 자신을 사랑한다고 믿으면서 떠난 부모가 더 이상 자신에게 관심이 없다는 고통스러운 현실을 받아들이지 않으려고 한다.

이러한 상황에서 함께 사는 부모는 자녀에게 사랑을 줄 수 있는 친구나 다른 성인과의 관계를 좀 더 빈번하게 가질 수 있도록 격려할 필요가 있다. 이는 떠난 부모가 자신을 사랑하지 않아도 다른 사람들에게 사랑을 받고 있다는 사실을 느끼도록 하는 좋은 방법이다.

## 애도와 우울

애도와 우울은 사랑하는 사람을 잃었거나 자신이 추구하는 이상이나 의미 있는 것을 상실했을 때 보이는 반응이다. 애도작업이란 개인이 상실한 대상에 대해 단계적으로 포기하고 그것에 적응하는 것이며, 우울이란 개인이 상실한 대상에 대해 느끼는 분노를 자신 안으로 가지고 갈 때 느끼는 감정이다.

이혼한 부모의 자녀와 사별한 부모의 자녀는 애도라는 유사한 경험을 한다. 이것은 사랑하는 사람이 떠난 후 그 사람에 대해 열심히 생각하는 과정을 거치면서 상실과 관련된 고통을 조금씩 감소시켜 가는 것이다. 이 같은 관점에서 보면 이혼으로 부모가 자신의 곁을 떠난 경우 자녀가 함께 살지 않는 부모를 열심히 생각하는 애도반응을 보이는 것은 자연스러운 현상이다. 그런데 함께 사는 부모가 자녀에게 부모의 이혼에 관한 어떤 정보도 주지 않고 부모 자신도 감정을 표현하지 않는다면 자녀는 떠난 부모에 대해 애도 작업을 할 수 없다. 임상적 경험에 의하면 이혼가정의 자녀들이 사별가정의 자녀보다 애도반응을 적게 보인다. 그 이유는 부모가 떨어져 살아도 이 세상 어딘가에 존재한다는 안도감이 있어서 부모의 죽음보다 상실감이 덜하기 때문이라고 생각된다. 또한 이혼은 일련의 과정을 거치기 때문에 사고 등으로 부모를 갑자기 잃는 경우보다 덜 충격적이기 때문일 수 있다. 그러나 이혼과정에서 경험한 상실에 대한 애도작업은 자녀의 정신건강에 필요한 부분이므로 자녀가 그러한 것을 표현할 수 있는 환경을 조성하는 것이 좋다.

자녀들의 입장에서 보면 부모와 떨어져 산다는 것은 충격적인 사건이어서 우울 증상을 보이는 경우도 많다. 부모의 이혼으로 생기는 우울은 예상할 수 있는 반응이며, 부모가 이혼한 첫 몇 주 동안 나타나서 대부분의 경우에는 몇 주 이내에 사라진다. 그러나 우울 역시 사랑하는 대상의 상실이 중요한 원인이므로 성인들은 아동에게 떠난 부모 없이도 잘 생활할 수 있다는 것을 이해하고 경험할 수 있는 기회를 제공해야 한다.

어떤 아동은 부모가 떠났다는 것을 자신이 거부당했다고 이해하여 우울감에 빠지기도 한다. 이 같은 아동은 떠난 부모가 자신을 사랑하지 않으며 따라서 자신은 사랑받을 만한 가치가 없다고 생각해서 우울해진다. 때로는 자신의 분노를 표현하는 것에 두려움을 가진 아동이 부모에게 향하는 분노를 자신에게 돌리면서 우울을 경험한다. 극단적인 경우이지만 아동은 사랑받지 못하고 버림받았다는 느낌으로 인해 생긴 절망감과 외로움, 그리고 복수하려는 심정으로 자살을 시도하기도 한다. 아동의 연령에 따라서는 부모에게 평생 죄책감을 주고 싶다거나 다시 태어나 사랑하는 부모와 함께 살고 싶다는 판타지 때문에 자살을 시도하기도 한다.

### 버림받는 것에 대한 두려움과 가출

이혼가정의 자녀는 부모가 자신을 버렸다고 생각하면서 이후 인간관계가 불안정해질 수 있다. 이들은 버려지는 것에 대한 불안 때문에 심한 신체적 고통을 호소하거나 누구의 도움도 받지 못한 채 죽을 것 같다는 불안을 느끼기도 한다. 이때 주위의 성인들은 아동이 버려진 것이 아니라는 사실을 깨닫도록 도와야 한다. 또한 자녀들이 부모에게 화가 나는 것은 자연스러운 일이라는 것을 이해시켜서 죄책감에서 벗어나도록 도와야 한다. 때로는 아동이 현재 함께 사는 부모에게 지나치게 집착하여 분리불안으로 발전할 수도 있다. 헤어져 사는 부모와도 교류가 있는 아동이라면 양쪽 부모의 마음에 들도록 각자의 부모에게 듣기 좋은 말을 해 가면서 환심을 사려고 노력한다. 이것은 양쪽 부모 모두에게 잘 보여 거부당하는 것과 버려지는 것을 피하려는 아동 나름의 자구책이기도 하다. 따라서 헤어진 부모는 지나치게 서로 미워하면서 갈등한다면 그 사이에 있는 자녀의 심리적 고통이 더 증가할 수 있다는 점을 인식하는 것이 중요하다. 헤어진 부모와 당분간 만날 수 없는 상황이라도 부모가 자신들을 버린 것은 아니라는 점을 자녀에게 끊임없이 알려 줘서 부모가 여전히 그들을 사랑한다는 것을 인식시켜야 한다. 필요하다면 부모 이외의 돌봐 줄 성인에 대한 구체적인 논의도 아동의 불안을 줄이는 데 도움이 된다.

주위 성인들은 떠난 부모가 아동을 여전히 사랑하고 있다고 계속해서 말하는 것이 일반적이다. 그러나 부모가 전적으로 자녀와 연락을 끊어 버린 경우에는 버림받은 것 때문에 해로운 영향을 받지 않도록 보호해 주려는 노력이 필요하다. 이 경우에도 부모에게 사랑받지 못하고 버림받은 것이 심리적 외상이 될 수 있으므로 부모가 여전히 사랑하고 있다는 점을 반복해서 알려 줘야 한다는 주장도 있다. 한편으로는 떠난 부모에 대한 이상화가 오히려 현재 살고 있는 부모에 대한 불신으로 이어질 수 있으므로 떠난 부모의 상황에 대해 정확히 알려야 한다고 주장하는 사람도 있다. 임상적 경험에 의하면 정확한 사실을 알릴지의 여부는 아동의 특성이나 환경에 따라 다르다. 그러나 어느 쪽의 선택을 하더라도 주위의 성인은 아동이 부모에게 느끼는 분노를 잘 다루면서 그 같은 분노를 다른 사람에게서 받은 만족감으로 대신할 수 있도록 도와야 한다. 즉, 아동이 부모에게서는 직접적으로 충분한 사랑을 받지 못했지만 다른 성인으로부터는 사랑을 받고 있다는 것을 느끼게 하는 것이다.

어떤 아동은 부모가 이혼하여 자신이 버려질 것에 대한 두려움 때문에 자신이 먼저 가출을 하는 경우도 있다. 가출

을 함으로써 부모가 자신을 버린 것이 아니라, 자신이 부모를 버릴 수 있다고 생각한다. 그리고 가벼운 가출을 통해 부모의 관심을 받게 되면 자녀는 부모가 여전히 자신을 사랑한다는 사실을 직접 확인하면서 두려움을 감소시킨다. 즉, 부모의 애정을 확인하려는 목적으로 가출을 하는 것이다. 때로는 가출이 복수심에 찬 적대적인 행동일 수 있다.

자녀는 자신의 가출로 고통을 받는 부모의 모습을 상상한다. 어느 쪽이든 가출은 부모의 관심을 집중시키는 극단적인 행동이다. 어떤 아동은 자신의 가출이나 비행이 부모의 죄책감을 유발시켜 부모가 재결합할 수 있는 수단이 될 수도 있을 거라고 생각한다. 중요한 것은 가출이 부모의 애정을 확인하려는 데 목적을 두고 있다는 점을 인식하고 대처하는 것이다.

{ 비난과 죄책감 }

부모들이 싸우면서 서로를 비난하는 것을 보고 자란 아동은 이혼이 결정되었을 때 누구의 잘못인지를 따지기 쉽다. 대부분의 아동은 먼저 집을 나간 부모를 비난하면서 그에게 책임이 있다고 생각하기 쉽다. 특히 초등학교 이전의 아동이라면 이것이 전적으로 한쪽 부모의 잘못이라고 생각하는 경향이 있다. 따라서 함께 생활하는 부모는 사람들 사이에 생긴 갈등은 모두에게 잘못이 있다는 점을 이해시키는 것이 중요하다. 또한 부모가 자신의 어려움을 통제하는 수준이 다양하다는 것도 이해시켜서 아동이 어느 한쪽만을 탓하지 않도록 해야 한다.

어떤 잘못을 했을 때 느끼는 감정인 죄책감은 적절하게 가지면 생활하는 데 바람직하지만, 지나치게 과장되면 부절적하다. 이 같은 부적절한 반응이 이혼한 부모의 자녀에게서 나타나기 쉽다. 부모가 이혼을 하면 자녀들은 자기 때문에 부모가 이혼을 했다는 죄책감을 가지기 쉽다. 그리고 아동들은 자신의 생각을 확실히 하기

위해 일부러 나쁜 짓을 할 수도 있다. 어른들이 이 같은 아동의 심리적 상황을 이해한다면 아동이 죄책감을 가지고 있을 때 부모의 이혼이 그들의 잘못이 아니라고 위로하는 것만으로는 그다지 도움이 되지 않는다는 사실을 알 수 있을 것이다. 오히려 살아갈 때 통제할 수 있는 것과 없는 것이 있는데 부모의 이혼은 아동 자신이 통제할 수 없는 영역의 일이라는 점을 이해시키는 것이 필요하다. 그리고 친구나 다른 성인과 의미 있는 관계를 형성하도록 도와서 부모를 잃었다는 상실감을 보상해 주면서 부모의 별거에 대한 고통을 줄일 수 있도록 돕는 것이 바람직하다.

이혼가정의 자녀는 대부분 충성심을 둘러싼 죄책감에 시달리는 것이 일반적이다. 이것은 이혼에 따라 아동이 어느 한쪽 부모에게 더 충성할지 결정하도록 요구받는 경우가 많기 때문이다. 이런 상황에서 대부분의 아동은 현재 함께 사는 부모와 사이가 나빠지지 않기 위해 그들의 편을 든다. 그러나 그와 동시에 떠난 부모에 대한 죄책감을 느끼면서 그들에 대해 분노를 표현하기 꺼리며 갈등한다. 함께 살지 않는 부모를 규칙적으로 만나는 경우, 자녀는 즐거운 시간을 보내고 집에 올 때 함께 사는 부모에게 죄책감을 느낄 수도 있다. 주위의 성인은 어느 한쪽의 부모를 편들지 않도록 돕거나 부모를 만나면 즐겁게 시간을 보내는 것은 좋은 일이라는 점을 이해시켜서 아동이 갖는 죄책감을 줄이도록 도와야 한다. 어떤 아동은 자신이 고통받고 있으며 비참하다는 것을 보임으로써 부모의 죄책감을 유발하려고 할지도 모른다. 이때 어른들은 그 같은 자신을 괴롭히는 행위로 분노를 표현하는 것이 적절한 방법이 아니라는 사실을 알려야 한다.

{ 퇴행과 지나친 성숙 }

심리적으로 어려움을 겪은 아동은 이전의 안정된 발달 단계로 되돌아가서 그때의 즐거움을 다시 경험하고 싶어하는 퇴행현상이 일어나기 쉽다. 부모의 이혼이라는 힘든 경험을 한 자녀는 이러한 퇴행을 드러내기 쉽다. 구체적으로 아기처럼 말하거나 행동하면서 응석을 부리는 경우가 있다. 이미 배변훈련을 마친 아동이 대소변을 가리지 못하거나 야뇨증을 보인다. 때로는 학교 가는 것을 싫어하거나 친구들과 놀지 않으려 한다. 이 같은 퇴행현상은 대부분 일시적으로 나타났다가 사라지지만 부모가 이로 인해 자녀를 지나치게 과보호하게 된다면 이런 미성숙한 행동은 지속될 수 있다. 자녀의 응석을 받아 주는 것이 자신들의 죄책감을 완화하는 가장 손쉬운 방식이 므로 부모는 때로 자녀의 퇴행을 조장하기도 한다. 또는 남겨진 한쪽 부모가 버려진 느낌이나 외로움을 줄이기 위해 자녀를 의존적으로 만들거나 반대로 삶의 좌절을 보상받고 대리만족을 얻기 위해 자녀에게 집착할 수도 있다.

자녀가 퇴행을 보이면 그들을 돌보는 부모는 자신들의 해결하지 못한 문제를 다루기 위해 아동을 끌어들이고 있는 것은 아닌지 반성해 볼 필요가 있다. 이혼 직후 자녀가 보이는 퇴행현상은 일시적으로 받아 주는 것이 좋지만, 이 같은 퇴행이 지속되는 것은 바람직하지 않으므로 대처방법을 찾는 것이 필요하다. 자녀가 부모로부터 어떤 영향을 받는지 정확하게 판단한다면 퇴행현상을 다루는 데 많은 도움이 될 것이다.

부모가 이혼하면 자녀는 새로운 책임과 의무를 맡게 된다. 이때 거짓 성숙을 보이면서 겉으로는 그럴듯하게 과장하지만 속으로는 적절하지 못한 생각을 하는 경우가 있다. 이런 아동은 어른의 행동을 흉내 내면서 어른처럼 행동한다. 이 같은 행동의 배경은 여러 가지를 생각할 수 있으나, 부모가 자녀의 어른스러운 행동을 칭찬하고 강화하는 것에서 비롯되는 경우가 많다. 또는 부모가 배우자의 빈자리를 채우려고 자녀의 지나친 성숙을 부추기기도 한다.

## 이혼이 가정 붕괴일까

　이혼한 가족의 이상적인 가족상은 형태는 변해도 부모들이 지속적으로 자녀의 양육에 참여하는 것이다. 즉, 부부로서는 관계가 해소되지만 부모로서의 관계는 이어지는 것이 바람직하다. 몇몇 연구 Ahrons, 1980; Wallerstein & Kelly, 1979에 따르면, 이혼 후에 함께 살지 않는 부모가 자녀양육에 관여할 때 자녀의 적응능력이 그렇지 않은 이혼가정의 자녀보다 좋았다.

　이처럼 이혼 후에도 부모 역할을 지속하는 것이 바람직하다는 근거를 집단으로서의 가족에서 찾아볼 수 있다. 가족은 몇 개의 하위집단으로 형성되는데, 이 같은 하위집단의 경계는 누가, 언제, 어떻게 조직하느냐에 따라 결정된다. 하위집단은 가족 개개인으로 구성되는 경우도 있지만 대부분 두 사람이나 세 사람이 집단을 형성하는 게 일반적이다. 예를 들어, 가족은 부모와 자녀라는 세대가 모여서 그 안에서 여러 조합을 이룬다. 때로는 어머니와 딸이 성별로 묶여서 하나의 집단을 만들기도 한다. 기능적인 하위집단은 필요에 따라 생겼다가 없어진다. 예를 들어, 슈퍼마켓에 가는 어머니가 자신이 집에 없는 동안 장녀에게 동생들을 돌보라고 부탁한다면 장녀는 다른 자녀들과는 선을 긋고 일시적으로 부모집단의 일원이 된다. 그러나 어머니가 돌아와서 고맙다고 말하는 순간 더 이상 부모집단에 속할 수 없다. 집단 간의 이익이 상반되지 않는 한 하위집단 간에는 중복, 침투가 빈번히 일어나면서 한 가족으로서 조화를 이룬다. 그러나 이혼과 같은 가족위기가 발생하여 부모가 대립하면 하위집단 간에는 경직되고 왜곡된 침투가 일어난다. 예를 들어, 어머니는 장남을 남편의 부족한 부분을 메워 줄 보상적 애정대상으로 생각하여 배우자 집단에 넣고, 딸은 아버지를 자녀집단 속에 넣어서 어머니에게 대항하는 집단 간의 혼란이 초래될 수도 있다.

이혼 후 원만하게 대처하려면 부부와 부모라는 두 가지의 하위집단을 확실히 구별하지 않으면 안 된다. 부부로서의 역할을 물리적으로나 심리적으로 분명히 떼어 낼 때 자녀를 중심으로 한 부모집단의 기능을 잘할 수 있다. 즉, 부모끼리 부부집단으로서의 관계는 끝났지만, 적어도 부모집단으로서 서로 관계를 유지하여, 자녀가 각각의 부모와의 관계를 원만하게 이해하여 안정된 새로운 관계를 만들 수 있도록 돕는 것이 중요하다.

많은 연구에서는 이혼가정의 자녀가 그렇지 않은 가정의 자녀보다 정신적 어려움을 겪는 경우가 많다고 주장했다. 이혼이 자녀들에게 심리적 어려움을 주는 것은 사실이지만, 부모의 이혼을 경험한 모든 자녀가 반드시 심리치료를 필요로 하는 것은 아니다. 그렇

다면 자녀가 어떤 행동을 할 때 치료적 도움을 받는 것이 좋을까?

자녀들이 부모의 별거나 이혼에 대해 우울이나 분노 표현과 같은 급성적인 반응을 보이는 것은 인정할 필요가 있다. 그러나 이같은 반응이 부모가 떨어져 살기 시작한 지 4~6주 이상이 지나도 감소되지 않는다면 치료를 권하는 것이 좋다. 때로는 부모의 별거 이전에 아동에게 이미 어떤 문제가 있었는데 이혼의 결과로 더 악화되는 경우도 있다. 따라서 이런 경우에는 아동의 문제가 만성적으로 지속되지 않도록 심리적 외상으로 인한 증상을 극복하게 도와야 한다. 대부분의 아동은 공포나 강박행동처럼 명백한 증상을 보이지 않더라도 수업방해, 친구들 간의 문제, 형제 간의 싸움 등의 다양한 행동으로 부모의 이혼에 대해 반응한다. 가정에서 방을 치우는 것을 거부한다든지 제시간에 일어나지 못하는 것처럼 집안일에 대한 비협조적인 행동으로 치료의 여부를 결정하는 것은 어렵지만 이런 수동공격적 행동이 지속적으로 이어진다면 치료를 고려해 볼 필요가 있다.

자녀가 심리치료를 받게 된다면 부모가 함께 참여하는 것이 아동을 치료하는 데 도움이 된다. 때로는 부모가 자녀의 분노 표현을 엄격하게 제한하여 자녀의 죄책감이 더욱 심해지는 경우도 있다. 따라서 부모가 치료과정을 통해 분노란 아동이 살아가면서 불가피하게 겪는 좌절감에 대해 대처하는 정상적인 반응이라는 인식을 받아들일 필요가 있다. 또한 자녀에게 이 같은 일이 어떻게 일어났는지를 생각하면서 자녀의 생각, 감정, 행동을 이해하도록 한다. 부모는 이혼을 전후하여 생기는 아동의 다양한 심리상태는 일반적인 현상이며 이 기간 동안 아동의 불안정한 심리상태를 수용하는 것이 필요하다.

아동 치료에서는 아동의 감정을 자유롭게 표현할 수 있는 놀이치료도 도움이 된다. 아동이 죄책감 없이 자신의 감정을 표현할 수 있도록 치료자가 다양한 경험을 제공하면서 다양한 방식으로 의사소통하도록 돕는다. 예를 들어, 분노 표출의 경우 단계에 따라 다양한 특징이 있으므로 초기단계에서는 아동이 분노를 표현하도록 자극하여 억제하거나 억압하여 내면화하지 않도록 돕는다. 단계를 거치면서 궁극적으로는 분노란 원하는 것을 좌절당했을 때 오는 것이므로 자신이 원하는 것이 항상 정당하지 않다는 점을 아동에게 이해시킨다. 즉, 분노와 관련된 상황에 대한 인식을 바꾸는 것이다. 연령이 어린 아동이라면 게임 등을 활용하여 자신의 감정을 표현하거나 이야기를 만들게 하는 것이 좋으며, 고학년의 초등학생이라면 언어를 활용한 직접 토론 방식의 집단치료도 유용하다. 때로는 화나는 감정을 풍선에 모두 불어 넣거나, 화나는 감정을 적은 카드를 모두 없애 버리는 등의 판타지를 활용한 상징적인 방법으로 아동의 분노를 해소할 수도 있다.

# Part 2

## 이혼 후, 자녀를 어떻게 키워야 하나

_ 부모 모두가 알고 있어야 할 사항

_ 공동 양육할 경우 알아야 할 사항

_ 혼자 양육할 경우 알아야 할 사항

_ 자녀의 연령에 따른 이혼에 대한 반응

_ 자녀의 연령에 따른 비동거 부모와의 만남방법

# 부모 모두가 알고 있어야 할 사항

{ 이혼(별거)에 대해
자녀에게 알리기 }

**이혼 결정에 대해 말해 줘야 할 필요가 있나**

부부가 이혼(별거를 포함)을 결정하고 동의했다면 이를 자녀에게도 알려 줘야 한다. 이때 양쪽 부모가 자녀들과 함께 있는 자리에서 말하는 것이 가장 좋다. 자녀가 너무 어려서 이런 사실을 이해하고 받아들일지 모르겠다는 이유에서, 자녀에게 말할 때 자신의 슬프거나 화난 모습을 보일까 봐 두려워서, 또는 아이들이 받을 충격을 걱정해서 임박한 이혼에 대해 말하지 않는 부모도 있을 것이다. 그러나 8~9개월 된 아기들도 부모가 없는 것을 인지하고 영향을 받으므로 자녀가 부모의 존재를 인식할 만큼 나이가 들었다면 부모의 이혼에 대해 이야기해 주어야 한다. 이혼 사유에 대해서는 아이가 질문을 하고 대답을 이해할 수 있는 연령일 경우 자녀의 이해 수준에 맞게 설명해 주어야 한다.

### 누가 자녀에게 말해 줘야 하나

자녀들의 나이가 각기 달라 자녀를 한 명씩 데리고 이야기를 하는 경우도 생길 수 있으나 이것보다는 형제자매가 함께하는 자리에서 양 부모로부터 이야기를 듣는 편이 더 낫다. 자녀들은 자신이 혼자가 아니라는 느낌에 다소나마 안심할 것이고, 부모에 대한 불신이나 비밀스러운 오해를 할 가능성이 적어지기 때문이다. 만일 연령이 달라 각기 다른 설명이 필요하다면 그 자리에서 적절한 설명을 해 줄 수도 있고, 특별한 설명을 위해서 각각의 자녀와 더 깊은 이야기를 나눌 수도 있다.

### 언제 알려 줘야 하나

이혼이나 별거를 결정하고 실제 이혼을 하기 직전에 자녀에게 그 사실을 털어놓는 부모가 많다. 이런 경우 고통스럽게 이별을 기다려야 하는 시간을 감소시킬 수는 있겠지만 이혼에 적절히 적응할 시간적 여유를 빼앗을 수 있다. 따라서 자신들이 느끼는 분노와 슬픔에 대해 정직하게 표현하지 않고 숨기거나 다른 방식으로 해결하도록 조장할 수 있다. 반대로 이혼 결정 시점과 실제 이혼 시점 사이에 지나치게 오랜 시간을 둔다면 분노와 슬픔을 표현하고 적응할 수 있도록 준비시키는 이점이 있겠지만 자녀의 고통을 연장시킬 수도 있다. 그렇기 때문에 자녀가 자신의 고통을 감소시키면서 감정을 적절히 표현할 시간을 갖도록 적당한 기간을 주면 좋다. 대체로 실제 이혼을 하기 몇 주 전에 알려 주는 것이 합리적이다.

### 이혼 사유에 대해 얼마만큼 말해 줘야 하나

자녀가 부모의 상황을 정확히 알고 있을 때 혼란스럽지 않고 효과적으로 상황에 적응할 수 있다. 자녀들의 입장에서 가장 힘든 것은 현재 상황에 대한 무지와 부모가 이를 숨기려고 하는 것에 관련된 불안과 혼란스러움이다. 그렇다고 부모의 개인적인 삶을 속속들이 이야기해 주어야 한다는 것은 아니다. 이혼을 경험하면서 가장 중요한 것은 자녀들이 부모에 대해 갖는 신뢰다. 따라서 부모의 이혼과 그 결과, 사유에 대해서도 적절한 선에서 정확히 알고 있는 것이 좋다. 중요한 것은 이혼 사유에 대해 기본적인 사실을 알려 주는 것이다. 이때 구체적인 용어를 사용해 정보를 말해 주는 것이 좋다. 자녀들이 자유롭게 질문할 수 있도록 개방적인 태도를 보여 주며 대화해 나가는 것이 무엇보다 중요하다. 예를 들어, "엄마와 아빠는 이제 서로 사랑하지 않는단다. 그래서 더 이상 함께 사는 것이 어렵게 됐구나!" "엄마와 아빠는 의견이 많이 달라서 오랫동안 노력해 왔지만 이제는 따로 사는 것이 더 좋겠다고 결정했단다." "엄마는 아빠를 사랑해서 결혼했지만 이제는 더 이상 사랑하지 않는단다."라고 말해 줄 수 있다. 아이가 민감한 질문을 할 경우도 있는데, 특히 청소년의 경우라면 대답하기 어려운 사적인 질문을 할 수도 있다. 이 경우에는 "엄마와 아빠는 개인적으로 생각할 게 있단다. 이런 개인적인 사항에 대해서는 너에게 세세히 말해 주는 게 지금은 적절하지 않은 것 같구나."라고 말해 줘도 좋다. 아이들의 질문에 지나치게 자세히 설명하려고 애쓸 필요는 없다. 다만 질문에 간단하면서도 호기심을 충족시킬 만큼은 대답할 필요가 있다.

### 이혼에 대해 어떻게 알려 줘야 하나

부모가 이혼 결정에 대해 이야기할 때 간단한 설명을 해 주고 나서 양쪽 부모가 함께 살지는 못하지만 여전히 자녀를 계속 사랑하고 돌볼 것이라는 사실을 강조해 줘야 한다. 또한 이혼 후 달라지는 것과 변하지 않는 사항에 대해 설명해 주어야 한다. 이때에는 간단하고 명료하게 말해 주고, 자녀에게 구체적인 사항에 대해 질문할 수 있도록 허락해 주어야 한다. 부모의 거처에 대해서도 정확히 알려 주고 어떤 식으로 연락을 할 수 있는지, 얼마나 자주 볼 수 있는지에 대해서도 이야기를 나눠야 한다. 아동에게 어느 부모와 함께 살지에 대해 결정을 내리라고 하는 것은 좋지 못하다. 그 이유는 아동이 현재 상황에서 현실적이고 합리적인 판단을 내릴 수 없고, 아동의 입장에서는 양쪽 부모와 함께 살고 싶은 소망이 제일 크기 때문에 선택을 하는 것 자체가 고통이 될 수 있다. 그뿐 아니라 선택하지 않은 부모에 대한 미안함과 죄책감을 느낄 수 있기 때문이다.

## 어떤 이야기를 덧붙여야 하나

이혼 사실 이외에 부모가 결혼했을 당시에는 서로 사랑했었고, 자녀들을 키울 때에는 기쁜 마음이었다는 사실을 말해 주는 것이 좋다. 이런 말을 들음으로써 자녀들은 자신의 존재에 대한 안정감과 가치감을 손상시키지 않을 수 있다. 또한 부모가 따로 살더라도, 또 이제는 서로를 사랑하지 않더라도, 자녀들을 사랑하는 부모 모두의 마음은 변하지 않고, 부모로서의 할 일을 항상 변함없이 할 것이라는 사실을 말해 줄 필요가 있다. 마지막으로 이혼이 자녀들의 탓이 아니라는 점을 반드시 말해 줘야 한다. 아이들은 부모의 이혼이 자기 때문이라고 생각하고 죄책감을 느끼는 경우가 많고, 특히 연령이 어린 아이일수록 더욱 그렇다. 그렇기 때문에 부모의 잘못으로 이혼을 하게 된 것이란 점을 확실히 하고, 자녀는 계속 부모로부터 사랑을 받을 것이라는 점을 말해 주어 안심시켜야 한다. 또한 부모의 결혼이 잘못된 것이었음을 인정함으로써 완벽한 사람이 아니라는 점도 알려 주어 자연스럽게 결점을 인정할 수 있도록 도와줄 수 있다.

### 일반적인 자녀들의 반응은 어떤 것인가

자녀들은 부모의 이혼 사실에 대해 부인하고, 화를 내고, 우울해하는 등 다양한 감정을 느낀다. 이혼에 대한 건강한 대처방법은 가족이나 친구 등 친한 사람의 죽음 후에 느끼는 애도 반응과 유사한데, 초반에는 이혼 사실에 대해 충격을 받고, 이혼한다는 사실을 믿지 않고 부인하다가 이를 받아들이면서 슬픔과 분노를 느끼고, 점차 고통이 완화되면서 무덤덤해지고 일상적인 생활로 돌아간다. 이혼 후 자녀들은 약 2~3개월 동안 이런 과정을 겪는 것이 일반적이지만 아이의 연령이나 성격, 부모의 대처방법, 주변 상황의 안정성에 따라 그 기간은 달라질 수 있다.

### 부모는 자녀의 반응에 어떻게 대처해야 하나

건강한 부모는 이혼과정에서 보이는 자녀의 불안정한 감정 변화와 부모에게 보이는 불신감과 분노감이 당연하다는 것을 알고 나면, 자녀들의 부정적인 감정 표현에 대해 인내할 수 있다. 부모는 자녀에게 감정을 표현하는 것이 고통스럽지만 자연스러운 일임을 알려 주고 자신도 적절하게 이혼에 대한 감정을 표현하는 것이 좋다. 다만 지나치게 위협적이거나 파괴적이거나 과도하게 반응하는 것은 피하는 것이 좋다. 반면 감정을 표현하지 않고, 아무렇지도 않은 것처럼 보이려는 것은 오히려 바람직하지 않다. 이는

① 엄마와 아빠는 헤어지기로 했단다.

② 네가 많이 놀랐을 거라고 생각해. 아마 당황스럽고 뭐라 말하기 힘들 거야.

③ 우리 가족에게는 지금과는 다른 변화가 있을 거야. 아빠(엄마)는 집을 떠나 다른 곳에서 살지만, 토요일마다 너를 보러 올 거고, 토요일과 일요일은 아빠네 집에서 지낼 거야. 그리고 수요일 저녁에는 아빠가 집에 와서 너와 외식을 할 거야. 그때마다 수요일 아침에 전화할게.

④ 우리가 같이 살지 않는다고 해도, 엄마와 아빠는 너의 엄마, 아빠이고, 언제나 너를 사랑한단다. 아무 때나 아빠(엄마)에게 전화할 수 있고, 네가 아빠(엄마)가 필요하면 꼭 너와 함께할 거야.

⑤ 이혼하게 된 게 너에게는 참 혼란스럽고 힘들 거야. 궁금한 게 있으면 이야기해 봐. 아빠(엄마)가 할 수 있는 한 최선을 다해서 답해 줄게.

| 부모 모두가 알고 있어야 할 사항 |

정상적인 감정 반응을 억압하는 것으로 비현실적인 관점을 발달시키게 된다. 훗날 이것은 아동의 정상적인 정체감 발달이나 감정을 다루는 방식, 타인과의 건강한 관계 형성에 문제를 초래할 수 있다.

## { 이혼 사유에 대해 알리지 말아야 할 경우 }

**첫째, 이혼 사유가 부모의 범죄 행위와 관련될 때**

이런 경우에는 일반적인 이혼 사유를 말해 주고 구체적인 정보는 자녀들이 크면서 부모의 법적 문제에 대해 이해할 수 있을 때 알려 주는 것이 더 좋다. 예를 들어, "엄마는 더 이상 아빠를 사랑하지 않아. 생각도 많이 다르고……. 그래서 더 이상 같이 살지 않고 따로 살기로 했단다."라는 말은 정확한 정보를 주지 않았을 뿐 거짓말이 아니며 자녀가 적절히 이해할 수 있을 것이다.

**둘째, 제삼자가 이혼 사유에 관련될 때**

만일 한쪽 부모의 외도로 인해 이혼이 초래되었을 때에는 자녀들에게 이러한 사유를 알리지 않는 것이 현명하다. 특히 자녀들이 어릴 경우에는 지나치게 구체적인 설명이나 사적인 대답을 해 주는 것보다는 나이가 든 후에 알려 주는 것이 좋다. 그 교제가 깊은 부부 갈등의 결과로 나타난 행동이었거나 실수였다 하더라도 부모로서의 권위와 도덕성을 해칠 수 있기 때문이다. 또한 부모를 가해자와 피해자로 구분해 심한 적대감을 보이게 할 수 있으며, 결국 부모-자녀 관계를 해쳐 자녀에게 더 큰 손상을 주는 결과를 가져올 수 있다.

### 셋째, 부모가 심각한 정신질환이 있을 때

이때는 자녀들과 충분한 대화를 통해 공감을 얻도록 하는 것이 중요하다. 아버지의 알코올 중독으로 더 이상의 폭력이나 학대를 견딜 수 없어 어머니가 이혼을 결정한 경우를 예로 들어 보자. 어머니는 자녀들에게 아버지가 술을 마시는 것이 알코올 중독 때문이고, 이것은 하나의 정신질환으로 간단히 치유되는 것이 아니라는 점을 설명해 준다. 그리고 어머니가 지금까지 얼마나 참고 노력해 왔으며 남편을 도우려고 했었는지를 말해 주어야 한다. 이때 남편에 대한 분노와 슬픔을 표현할 수는 있어도 남편을 동정하고 자녀들의 아버지로서 인정한다는 태도를 보이도록 노력해야 한다.

## 선생님이나 주변 사람에게 알려야 할까

물론 믿을 만한 교사나 주변 사람들에게는 이혼 사실을 알려 자녀에게 조금이라도 도움을 주고 싶은 것이 부모 마음이지만 이것저것을 생각해 볼 때 이혼 사실을 알려야 하는지에 대해 확신이 서지 않는 것도 사실이다. 주변 사람들에게 부모의 별거나 이혼 사실을 알리지 말라는 학자들이 있지만 반대로 이를 반드시 알려야 한다는 학자들도 있다. 전자의 경우는 이혼 사실이 알려졌을 때 자녀들을 문제가 있는 집안의 아이로 낙인을 찍고 대할 것에 대한 걱정이 앞서는 경우다. 후자의 경우는 대부분의 자녀들이 어떤 방식으로든 부모의 이혼에 영향을 받고 반응을 하기 때문에 오히려 적극적인 도움을 받고 빠르게 적응하기 위해 주변에 알리는 것이 낫다는 이유에서다. 물론 저자는 후자의 설명에 동의하지만 한국의 현실을 고려해 볼 때 어느 것이 반드시 낫다고 하기는 어렵다. 이혼에 적응이 되어 별 어려움 없이 일상생활을 잘하고 있을 때에는 이혼 사실을 굳이 먼저 알리지 않는 것이 낫다. 그러나 이혼 직후, 특히 어린아이일 경우에는 더욱 취약할 수 있으므로 교사나 주변 사람들이 도움이 될 수 있다면 사실을 진실되게 알리고 도움을 청하는 것이 문제를 예방하는 데 좋은 영향을 줄 수 있을 것이다.

또한 자녀들에게 부모의 이혼은 정신적인 외상이 될 수밖에 없고, 아이들은 어떤 식으로든 상처 입은 것을 표현—그것이 정상적이다—하기 때문에 증상을 보일 때까지 기다리는 것은 도울 수 있는 기회를 박탈하는 것이 될 것이다. 교사는 아이를 지지해 주고 위로해 주고 조언을 해 줄 수 있다. 아이는 학교생활을 통해 고통을 경감시키고 다른 관계에서 위로받을 수 있음을 경험할 수 있다. 때로는 아이의 친구나 이웃을 통해 이혼 사실이 교사에게 알려질 수 있는데, 이 경우 아이는 더욱 불안하고 수치스러워서 교사의 도움을 거절할 수 있다. 물론 교사 역시 갑작스러운 이혼 사실에 어떻게 반응해야 할지 몰라 당황할 수도 있다. 상황을 부적절하게 다루어 도리어 아이가 부담스러워하거나 부끄럽게 생각할 수도 있지만 이런 경우라도 교사가 아이의 변화나 어려움을 인지하고 이해하고 있는 것은 중요하다. 대부분의 교사는 이런 상황에 공감적이며 수용적인 태도를 보일 것이다.

## 공동 양육할 경우 알아야 할 사항

이혼을 한 부부가 양육에 대해 이성적으로 협력하는 것은 쉬운 일이 아니다. 그러나 헤어진 부모가 자녀를 함께 키우며 양육에 협력하는 것은 자녀의 발달이나 달라진 환경에 적응하는 것을 도울 수 있다. 두 가정에서 자녀를 협력하며 키우기 위해서는 다음과 같은 사항에 신경 써야 한다.

**양육에 대한 다른 관점을 인정하자**

함께 사는 부부라도 자녀들을 대하는 태도에 있어 다른 관점을 갖고 있음을 인정하고 이를 존중해 주는 것은 쉽지 않은 일이다. 더욱이 이혼을 한 후 전 배우자의 가치관을 인정해 주는 것은 쉽지 않다. 그러나 이제는 자녀들이 분위기와 장단점이 다른 두 집안에서 가정교육을 받게 된다는 사실을 인정해야 한다. 무엇보다 서로의 관점을 인정하지 않음으로써 생기는 대결과 다툼 가운데 자녀들이 놓여져 있다는 사실을 생각하면 전 배우자의 관점을 거부하기 보다는 인정하고 타협해 가는 것이 해결책이란 사실을 쉽게 깨달을 수 있다. 그러므로 자녀 양육에 대한 이야기로 다시금 서로의 잘잘못을 따지거나 비난하고 위협하는 관계에 빠지지 않도록 주의해야 한다. 그 대신 상대방의 관점을 인정해 주면서 타협할 의사를 보이는 것이 중요하다.

**자녀 앞에서 서로를 비난하는 말되 거짓 장점도 말하지 말자**

이혼 후 부모가 서로를 존중하는 것은 자녀들의 심리적 건강을 위해 매우 중요하다. 자녀들은 부모에 대한 충성심을 지니고 있기 때문에 한 부모가 다른 한 부모를 비난할 경우 그 부모에 대한 애정과 그리움을 어떻게 처리해야 할지 몰라 당황스러워하게 된다. 그 결과 아예 부모에 대한 그리움을 부인하거나 비난하고, 불신하며 부모의 긍정적인 면을 닮으려는 의지까지 꺾어 버릴 수 있다. 그렇다고 자녀 앞에서 이혼한 배우자의 장점을 강조하거나 현실적이지 않은 기대감을 심어 주는 것도 좋지 않다. 이럴 경우 자녀들은 그렇게 좋은 부모와 왜 헤어졌는지 의아해할 것이다. 또 사람에 대한 비현실적인 이상화로 인간관계에서 현실적이고 적절한 기대를 갖지 못하게 될 수 있다. 그렇기 때문에 자녀들 앞에서 이혼한 배우자의 행동, 특히 이혼 후 양육 행동에 대해 지나치게 간섭하는 것은 삼가야 한다.

다만 전 배우자의 양육 행동에 대해 의견을 이야기할 수는 있다. 이때는 실제로 상대 배우자가 그런 행동을 할 때 들려주는 것이 가장 좋다. 화가 난 상태에서 말하는 것은 삼가며 "내 의견은……" "내가 보기에는……"이란 단서를 붙이고 말하는 것이 좋다. 이를 통해 자녀들은 부모가 말하는 바가 개인적인 의견일 뿐 완전하게 정확하지 않을 수도 있음을 느낄 수 있다. 만일 전 배우자가 자신을 계속해서 비난하며 자녀에게 자신에 대한 거짓말을 할 때는 지나치게 걱정할 필요가 없다. 그러한 비방에 대한 최선의 대처는 그

런 말들이 사실이 아님을, 또는 지나치게 과도한 비난인 것을 자녀들이 실제 부모와의 경험을 통해 스스로 느끼도록 하는 것이다. 그러므로 어떤 비난의 말을 들었는지 묻고 그것을 하나하나 정정하려는 시도를 하지 말자. 이것은 자녀들의 혼란과 불안을 높이고, 두 부모의 대립 가운데 다시 놓이게 하는 결과를 가져오기 때문이다. 그러나 이런 비난의 말과 행동이 지속된다면 상대 배우자에게 그런 행동이 자녀에게 얼마나 해가 되는지를 알려 주는 것도 중요하다. 이 모든 행동들은 자녀 양육을 위해 부모가 당연히 져야 할 책임이기도 하다.

### 자녀를 사이에 두고 경쟁하지 않도록 하자

이혼 후 자녀를 대하는 방식을 놓고 전 배우자와 누가 더 좋은 부모인지를 가려내기 위해 보이지 않는 경쟁을 하는 부모들이 있다. 이런 경우 자녀들은 더욱 불안해하고 혼란스러워하기도 하지만 부모의 이러한 태도를 이용해 자신들에게 가해진 제한을 벗어나고자 하거나 이득을 얻고자 하는 경우도 생길 수 있다. 이것은 아이들이 악하거나 기회주의자라서가 아니다. 처해진 상황에서 자신에게 가장 좋은 쪽으로 이득을 얻기 위해 개발된 생존 방식일 뿐이다. 그렇지만 이러한 경우 전 배우자와의 관계가 더욱 나빠지고, 자녀들의 양육과 훈육이 비일관적으로 행해져서 자녀들에게도 좋지 않은 결과를 가져올 수 있다.

이를 방지하기 위해서는 전 배우자와의 지속적이고 구체적인 의사소통이 중요하다. 예를 들어, 현이는 엄마와 살고 있는데 숙제를 하지 않는 벌로 일주일간 용돈을 주지 않기로 했다. 그런데 아빠네 집에 다녀와서 용돈을 두둑이 받아 왔다면 엄마가 용돈을 주지 않기로 한 벌의 효과는 단번에 사라진다. 또 현이는 앞으로 엄마의 말은 무시할 것이며, 차후 비슷한 상황에서 아빠에게 달려가 자신의 욕구를 채우고 엄마를 좌절시키는 일들을 할 것이다. 반대로 아빠의 경우에도 그런 일은 일어날 수 있다. 결과적으로 현이는 계속 학교의 과제를 해 가지 않고 그렇게 되면 학교생활에 적응하지 못하고 함께 사는 엄마와의 관계도 나빠질 수밖에 없다. 이를 방지하기 위해서는 현이를 아빠에게 보내기 전에 전화로 이러한 사실을 알려 주어 용돈을 주지 않도록 미연에 방지를 하는 것이 필요하다. 이렇게 하면 멀리 떨어져 살고 있어도 현이에 대한 부모의 훈육이 일관적으로 이루어질 수 있다. 또 양쪽 부모의 권위가 제대로 서고 현이에게도 혼란을 주지 않고 자신이 할 일을 책임질 수 있는 태도를 길러 줄 수 있을 것이다.

전 배우자와 긴밀한 의사소통을 지속하거나, 또 서로의 양육 방식을 존중해 주는 부모가 많으면 좋겠지만 그렇지 않은 경우도 많다. 그렇다면 자녀에게 자신과 있을 때에는 자신의 규칙을 따라야 한다고 단호하게 말할 필요가 있다. 아이들은 점차 각각의 부모의 양육 방식과 생활 방식이 다름을 깨닫고 이에 적응하게 될 것이다. 그 과정에서 일관성이 없거나 자녀에게 결정권이 지나치게 주어지게 된다면 아이들은 방향을 잃고 이 상황을 이용해 자신이 원하는 방식대로 행동할 수 있다.

### 자녀에게 지나치게 간섭하지 말자

자녀들이 한쪽 부모가 없는 환경 속에서 새로운 경험을 하도록 하는 것은 매우 중요하지만 그렇게 하기는 쉽지 않을 것이다. 더욱이 함께 있는 사람이 자신과 큰 반목과 대립에 놓여져 있던 사람이라면 그 사람을 신뢰하고 자녀들을 온전히 맡기는 것에 큰 용기가 필요할지도 모른다. 하지만 자녀들은 양쪽 부모 그리고 새로운 환경과 자기 나름대로 관계를 맺을 자유가 있고, 그것을 위해서는 시행착오도 필요하다. 부모에게도 적응을 위한 시간이 필요했듯이 자녀에게도 시간이 필요함을 알고 기다려 주자. 자녀들이 전 배우자와 겪는 경험과 상호작용에 대해 지나치게 개입하지 말고 존중하며 인정해 주는 것이 좋다. 이는 자녀들에게 자신의 방식대로 자유롭게 관계를 맺어 가도록 하는 데 가장 중요한 태도다.

### 부모로서의 자신감을 잃지 말자

이혼을 한 부모들은 시간이 지나면서 자녀가 자신을 어떻게 생각할지 궁금해하며 자신이 과연 부모로서 자격이 있는지 반추하기도 한다. 이런 마음 때문에 자녀들의 생각이나 반응에 무척 예민해지고 자녀들을 대하는 방식과 말 하나하나에도 신경이 쓰이고 자신감이 없어진다. 자녀들은 부모가 자신의 삶을 당당하고 자유롭게 살아갈 때 부모의 권위를 인정하고 자신도 편안해진다. 자녀들은 이혼 후 변화된 환경 속에서 당당하고 일관된 모습을 보이는 부모를 보면서 불안과 혼란에서 회복되어 자신의 자리로 돌아갈 수 있다. 미안한 마음에 지나치게 허용적이거나, 실추된 부모의 권위를 회복하기 위해 권위적인 모습으로 변하거나, 냉정해진다면 자녀는 더 혼란스러워진다. 많은 부모들이 미안한 마음을 보상하기 위해 자녀에게 계속 사과를 하거나, 선물을 사 주거나, 이벤트나 외부 활동을 많이 만드는 등 비일관적인 규칙으로 훈육을 하는 경우가 있다. 이는 결국 자녀들에게 권위를 부여해서 적절한 훈육과 행동을 지도받지 못하게 한다. 즉, 자녀들에게 지나친 결정권을 갖게 해 버릇없고 자기만 아는 아이로 만들어 학교생활이나 또래관계에서의 적응을 어렵게 할 수 있다. 그러므로 이혼 후에 가능한 한 보통 때와 같은 일상적이고 규칙적인 생활을 유지하는 것이 좋다.

### 자녀와 대화를 많이 하고 시간을 함께 보내자

자녀들은 부모가 여전히 사랑과 관심을 주고 있다는 것을 확인해야만 자신 때문에 부모가 이혼했다는 죄책감과 부모 모두에게서 버려질지도 모른다는 불안감에서 벗어날 수 있다. 아이들은 부모가 자신을 사랑하고 있다는 것을 사랑한다는 말과 시간을 함께 보내는 것에서 느낄 수 있다. 이혼으로 인한 상처와 정신적인 고통

을 덜어 주고 문제를 예방하기 위해 부모가 자녀들과 함께 다양한 활동으로 시간을 보내는 것이 필요하다. 자녀들에게 사랑한다고 말하면서 사랑을 보여 주는 어떠한 행동도 하지 않는 것이 가장 나쁘다. 이것은 아이들에게 사랑이 무엇인지 혼란을 겪게 하고, 현재와 미래의 애정 관계에 어려움을 초래할 수 있다. 이혼 후 부모가 사랑한다고 하면서 같이 시간을 보내거나 대화하지 않는다면 자녀들은 부모를 불신하고 이중성을 느끼게 된다. 또한 자신과 함께 살고 있는 부모를 믿지 못하고, 자신의 부정적인 감정을 숨기는 것을 배우게 된다. 그러므로 편안한 분위기에서 아이들에게 질문을 하고, 또 아이들의 질문에 솔직하고 적절하게 대답해 준다면 아이들은 부모를 믿고 신뢰하며 정서적 안정을 쉽게 찾을 수 있을 것이다. 시간을 함께 보내는 것은 삶을 함께하는 것이며 자녀에게 자신이 사랑받고 필요한 존재라는 것을 인식시키는 중요한 활동이다. 항상 새롭고 활동적이며 재미있는 활동을 하라는 것이 아니다. 일상적인 활동을 함께하며 상호작용하는 것이 중요하다. 예를 들어, 자녀들의 식사를 챙겨 주고 함께 밥을 먹고, 목욕을 하고, 입을 옷을 챙겨 주고, 숙제를 봐 주고, 자녀의 친구들을 집으로 초대하는 등의 활동, 자녀와 함께 장을 보러 가고 산책을 하고 운동을 하는 행동들이 일상에서 자연스럽게 할 수 있는 꼭 필요한 것들이다.

**자녀에게 사랑을 줄 수 있는 사람들과 함께하자**

자녀들은 부모가 자신을 사랑하지 않아서 헤어진 것이 아니고 이혼이 결코 자신의 탓이 아니라는 것을 분명히 알아야 한다. 즉, 자신이 사랑스럽지 않기 때문에 부모가 헤어진 것이 아님을 알게 해야 한다. 이와 함께 한쪽 부모를 잃은 결핍감을 보상하기 위해 다른 사람들에게 사랑을 받고 그 관계에서 만족을 얻을 수 있다는 것을 경험하도록 해야 한다. 그래야만 문제가 자신에게 있지 않다는 확신을 할 수 있다. 조부모나 삼촌/외삼촌, 이모/고모, 사촌 등 친척들이 자녀들을 돌봐 주거나 시간을 함께하는 것이 좋다. 아동들은 한쪽 부모가 없는 빈자리를 메울 수 있고, 무엇보다 자신이 사랑받을 만한 존재라는 것을 확인할 수 있기 때문이다. 또한 함께 살고 있는 부모가 친교 모임이나 사회적 활동, 종교 활동 등을 통해 다양한 관계를 맺고 그 안에서 정서적 지지와 도움을 주고받는 것을 보는 것도 좋다. 이것은 다양한 관계에서 애정을 주고받을 수 있다는 좋은 본보기가 된다. 부모에게도 이혼 후 자신의 삶뿐 아니라 자녀들의 삶까지 책임져야 한다는 과도한 부담을 혼자 감당하지 않을 수 있다는 면에서 중요하다. 부모도 한 개인으로서 자신이 사랑받을 만한 존재이고, 사랑받을 수 있다는 것을 경험해야 부모 역할을 잘 해낼 수 있다. 그러나 양육을 전적으로 조부모가 책임지게 된다면 이것은 또 다른 관계가 발생된 것을 말하며, 자녀들은 이에 혼란스러워질 수 있음을 알아야 한다. 이것은 혼자된 부모가 부모 역할을 책임질 수 없다는 의미이고, 조부모에게 의지하며 부모 역할을 포기하는 느낌도 줄 수 있다. 자녀들은 조부모의 훈육에 적응하는 것과 심리적인 충성심을 어디에 보여야 할지에 대해 혼란스러워하게 된다. 부모가 자신을 양육하는 것을 부담스러워한다는 지각 때문에 자신을 사랑하지 않고 버림받았다는 느낌을 가질 수도 있다.

### 애인이나 재혼에 대한 이야기

자녀들을 위해 이혼을 한다고 하는 것과 마찬가지로, 이혼 후 자녀들을 위해 재혼을 한다는 것은 좋은 생각이 아니다. 대부분의 이혼한 부모들이 새로운 이성관계를 경험하거나 재혼을 하게 된다. 그러나 자녀들에게 이것은 그리 쉬운 문제가 아니다. 이혼의 상처와 혼란이 채 가시지 않은 상태에서 남겨진 부모에게 새 파트너가 생겼다는 것은 남겨진 부모로부터도 버림받는다는 느낌을 줄 수 있기 때문이다. 그러므로 이혼 후 바로 이성관계를 만들거나 자녀들에게 더 좋은 양부모를 찾아주기 위해 재혼을 하는 것은 삼가는 것이 좋다. 최소 1년 반이나 2년이 지난 후 조심스럽게 자녀가 부모의 이성관계를 수용할 준비가 되었는지 탐색해 보는 것이 자녀들에게 도움이 된다. 이때에는 숨기거나 비밀스럽게 만남을 시작하기보다는 아이들에게 사실을 숨기지 말고 적절히 이야기해 주는 것이 일반적이다. 어떤 일이 생겨도 아이들과 늘 함께할 것이고 사랑한다는 사실과 앞으로 큰 변화가 없을 것이라는 것을 알려 주어 새로운 관계 때문에 자신이 다시금 버려질 것이라는 불안을 느끼지 않게 해 주는 것이 좋다. 일시적인 데이트 상대라면 세세히 알릴 필요가 없겠지만 지속적인 만남을 유지하는 상대라면 중요한 친구로서 소개하는 것이 좋다. 데이트를 할 경우에는 미리 외출할 것임을 알려 주고 언제 집에 돌아올지, 누가 아이를 대신 돌볼지 등에 대해 구체적으로 알려 주는 것이 좋다. 또한 데이트 때문에 자녀들과 함께하는 시간을 많이 방해받지 않도록 배려하는 것도 잊지 않아야 한다.

### 훈육에 대하여

헤어져 살고 있는 양쪽 부모의 훈육 기준과 방법이 다르다는 것은 자녀들이 먼저 알게 될 것이다. 특히 재혼을 한 경우에는 두 가정이 더욱 뚜렷하게 대비될 수 있다. 그렇다고 반드시 혼란스러워진다는 것은 아니다. 각 가정의 분위기와 규칙, 예절, 생활 방식의 차이를 존중하는 부모의 태도를 알게 되면 자녀들은 무난하게 적응할 수 있다. 또한 서로의 차이를 인정하는 가운데 유연한 사고와 편견 없는 태도를 배워 더욱 풍요로운 삶을 경험할 수 있는 장점도 있다. 다만 구체적으로 어떤 행동이 허락되고 금지되는지에 대해 명백하게 알려 주고 이에 대한 확실한 결과를 일관적으로 보여 주는 것이 매우 중요하다. 이것은 이혼가정뿐 아니라 자녀 양육에 있어 기본적인 원칙이다. 어린 아동의 경우에는 이런 것들을 글로 적어 집 안에 잘 보이는 곳, 주로 냉장고나 벽에 붙여 두고 매일 되새겨 보도록 하는 것도 도움이 될 수 있다. 이렇게 함으로써 자녀 스스로 자신의 행동을 조절하고 부모의 반응을 예측할 수 있게 하는 것이 심리적 안정감을 주고 통제능력을 키워 주는 방법이 된다. 또한 벌을 줄 때에도 일관적이고 일정한 방법으로 행해야 하며 단호한 태도와 짧은 말로 자녀의 잘못을 지적하고 수정할 수 있는 방법을 알려 주어야 한다. 훈육에 대한 구체적인 사항들은 Part 3 중 '이혼과정에서 부모가 자녀를 위해 가져야 하는 태도 및 놀이방법'에서 다시 설명하겠다.

## 자녀와 함께 사는 부모가 알아야 할 사항

### 방문에 대하여

자녀들이 함께 살지 않는 부모를 규칙적으로 편안한 분위기에서 방문하게 될 때 아이들은 새로운 환경에 쉽게 적응할 수 있게 된다. 자녀가 전 배우자를 방문할 때 부모가 슬픔을 보이거나 불안해하거나, 오래된 갈등의 앙금으로 남아 있는 적대감이나 불신을 표현한다면 아이들은 불안해할 것이다. 자녀가 여전히 부모의 갈등 속에서 죄책감과 불안감을 느끼며 살아가기를 원치 않는다면 아이들이 전 배우자에게 가는 날 전 배우자를 신뢰하는 태도와 자신 역시 그동안 잘 지낼 것이라는 것을 알려 주어야 한다. 그래야만 아이들은 죄책감 없이 다른 부모와 친밀감을 느끼고 편히 지내다 올 수 있다. 이렇듯 자녀들이 부모 모두와 아무 거리낌 없이 만날 수 있도록 해 주어야 한다. 즉, 다른 한쪽 부모의 눈치를 보지 않고 마음껏 편하게 만날 수 있다고 느낄 때 서로 다른 두 가정에 더 빠르게 적응하고, 이것이 자녀들의 정서적인 안정에 기여하게 될 것이다.

### 언제, 어디서, 어떻게 만나게 해야 할까

자녀가 둘 이상이면 따로 사는 부모를 만날 때 형제들이 함께 만날 수 있도록 하는 것이 좋다. 자녀들은 서로에게 의지하거나 위안받고 부모들이 자신들을 편애한다고 오해하지 않아 불필요한 질투나 삼각관계를 만들지 않는다. 그렇다 하더라도 자녀의 나이 차가 크거나 성격이 크게 다르거나 특별한 문제가 있다면 그것을 고려해 상황에 맞게 따로 만나는 것도 필요하다.

방학을 맞아 함께 살지 않는 부모와 장기간 함께 생활을 하는 것도 좋다. 때때로 이벤트식의 만남이 아닌 오랫동안 일상생활을 함께하는 가운데 서로에 대해 더 알아 가고 부모 역할을 할 수 있는 기회를 갖게 되는 것은 서로에게 무척 도움이 된다. 그러나 양쪽 부모의 성격이나 삶의 방식, 근무시간이나 가족 형태, 주거 형태에 따라 융통성 있게 기간을 정하는 것은 필요하다. 부모 역할이 고되고 힘들어서 반반씩 공평하게 역할을 나누어야 한다는 전제하에 아이들을 보내려 한다면 그것은 또다시 자녀들을 부모의 갈등 속에 두는 것임을 잊지 말자. 이것은 겉으로만 이혼했을 뿐 함께 살며 싸우는 부모 밑에서 사는 것과 다르지 않다.

만일 함께 살지 않는 부모의 집에 자녀들만의 공간이 확보될 수 있다면, 마련해 주는 것이 좋다. 예를 들어, 아이들의 방을 만들어 주거나 아이들의 물건을 놓는 공간을 마련해 주는 것이다. 이를 통해 자녀들은 함께 살지 않는 부모가 자신들을 소중히 여기고 있다는 점을 자연스럽게 느끼게 되고 안정감을 되찾는 데 도움을 받을 수 있다.

만나는 시간이나 장소, 횟수를 정할 때 부모는 각자의 입장을 지나치게 강조하거나 고집을 부려 갈등의 빌미로 만드는 것을 피해야 한다. 자녀를 양육하는 부모가 함께 살지 않는 부모에게 갖는 불만 중 대부분이 방문하는 부모가 늦는다거나 또는 뒤늦게 약속을 취소하거나 아예 약속을 지키지 않는 점이다. 이것은 자녀들의 희망을 저버리고 실망을 안겨 주는 일로 이혼으로 인해 버림받았다고 느끼는 자녀들에게 버림받았음을 확증시켜 주는 일이 될 것이다. 또한 자신들이 더 이상 함께 살지 않는 부모에게 소중한 존재가 아니라는 느낌을 안겨 주는 일이다. 그러므로 자녀들과의 만남은 반드시 지킬 수 있는 약속이 되어야 한다. 만일 부득이하게 약속을 지키지 못할 때는 반드시 전화를 해서 이유를 알려 주고 자녀들에게 미안함을 전하며 부모도 자녀들을 보고 싶어 한다는 메시지를 전달해야 한다. 하지만 이런 일들이 반복된다면 자녀들은 부모를 믿지 않고 큰 상처를 입어 부모에게 적개심을 가질 수 있다. 이뿐 아니라 자신이 가치 있는 사람이라는 느낌을 받지 못해 자존감이 낮아질 것이다. 그러므로 자녀를 방문하는 약속은 반드시 이뤄질 수 있도록 상대방의 입장을 고려해 융통성 있게 합의를 보는 것이 중요하다. 이 과정에서 서로 간에 오해가 없도록 하고 상대방이 원치 않는 시간에 만나도록 강요하지 말고 원하는 시간과 어느 정도의 시간적 여유를 갖고 만나도록 타협을 보는 것이 중요하다.

**자녀의 연령에 따라 얼마나 자주 만나게 해야 할까**

자녀가 영유아라면 이틀에 한 번, 몇 시간 동안의 잦은 방문이 좋다. 이때는 자녀를 안아 주고, 음식을 먹여 주고, 목욕을 시키고, 잠을 재워 주고 이야기를 해 주는 등 자녀 양육의 기본적인 것들을 손수 해 주는 것이 매우 중요하다. 그것은 영유아기에 형성되어야 하는 기본적인 애착 형성 때문인데, 주요 양육자와의 안정적이고 신뢰 있는 애착 형성은 자녀가 앞으로 자라서 살아가는 데 매우 중요한 역할을 하기 때문이다. 애착 형성을 위해서는 일상에서 유아를 민감하게 보살피고 반응해 주는 것이 중요하며, 자주 접하고 함께 있어 주는 것도 중요하다. 이것은 어머니뿐 아니라 아버지 역할에서도 중요한 것이기 때문에 함께 살지 않는 부모가 아버지라고 하더라도 다르지 않다. 자녀를 방문하여 일상생활을 보살펴 주고 안아 주며 부드럽고 따뜻하게 상호작용하는 것이 무척 중요하다.

만일 자녀가 걸음마를 하더라도 만 4세 이전의 아동은 주요 양육자와 장기간 떨어지면 불안을 느끼게 되므로 2~3일 동안의 분리는 아동에게 상당한 불안과 위협이 될 수 있다. 그러므로 함께 살지 않는 부모가 3~4일에 한 번 방문을 하거나 이틀에 한 번씩 전화를 할 수 있고 함께 살지 않는 부모의 집에 간다 하더라도 함께 사는 부모와 자주 전화 연락을 할 수 있게 하고 하루 이틀을 넘지 않도록 배려해 주어야 한다.

학령기 아동들은 좀 더 긴 시간 동안의 이별을 받아들일 수 있고, 부모의 방문 일정이 조금 바뀐다고 해도 이를 수용할 수 있다. 또한 주말이나 방학 동안 함께 살지 않는 부모의 집에서 생활하는 것도 받아들일 수 있다. 다만 이러한 변화가 아동의 일상적인 활동이나 아동의 또래관계 또는 사회생활을 침해하지 않는 범위에서 조정되어야만 아동이 쉽게 적응할 수 있다. 급작스럽고 지나친 변화가 잦으면 규칙적이고 안정적인 생활을 해 나갈 수 없기 때문에 아동이 예측 가능한 범주 안에서 그리고 자신의 생활을 침해하지 않는 범주 안에서 변화를 경험해야만 한다. 이를 위해서는 양쪽 부모가 자녀의 생활과 스케줄을 함께 이야기하고 유연성 있게 서로의 시간을 조정하는 융통성이 있어야 하며 부모로서 서로에 대한 기본적인 신뢰도 필요하다. 이혼의 상처로 어려움을 겪었던 자녀에게 보다 안정적인 환경을 제공해 줄 수 있다면 서로 반목하고 화가 나 있는 감정을 자제하며 부모로서 협력해야 한다는 점을 쉽게 떠올릴 수 있을 것이다.

　10대 전후의 아이들은 그들이 어디에서 살고, 어디에서 만나며 언제 만나는지에 대해 스스로 결정하기를 원한다. 청소년기의 자녀는 주로 자신과 같은 성의 부모와 살기를 원하며, 많은 연구에서도 학령기 이후 자녀들의 경우 동일한 성별의 부모와 함께 사는 자녀들이 이성의 부모와 함께 사는 자녀들보다 적응을 잘한다는 결과를 보여 주고 있다. 따라서 부모는 자녀들의 이 같은 선호를 수용할 수 있어야 하며 자녀들에게 방문 일정과 생활 결정에 함께 논의할 수 있는 권리를 주어야 한다. 그들의 선호를 신중하게 고려하고 가능한 한 반영해 주어야 하는데 만일 현실적으로 어려운 경우라도 자녀들의 선호를 알고 있고 상황이 가능하다면 그렇게 해 줄 용의가 있음을 알려 주는 것이 필요하다.

　구체적인 방문에 대한 이야기는 Part 2 중 '자녀의 연령에 따른 비동거 부모와의 만남방법'에서 다시 설명할 것이다.

**자녀를 전 배우자에게 보낼 때**

　자녀를 전 배우자에게 보낼 때 자녀의 소지품이나 옷가지를 함께 챙겨 보내 주고 이때 간단한 메모를 통해 자녀에게 필요한 사항과 전 배우자가 숙지해야 할 것들에 대해 알려 주는 것이 좋다. 이것은 공동 양육자로서 협력적인 모습을 보여 주는 좋은 행동으로 상대방에게 좋은 부모가 될 수 있는 기회를 줄 수 있고, 또 자녀가 일관적인 훈육을 받으며 안정감을 느끼게 할 수 있다. 가령 지난주에 상을 타 왔다든지, 감기에 걸려 약을 먹었다든지, 벌로 용돈을 한 주간 주지 않고 있으니 따로 돈을 주는 것을 삼가달라든지, 아이가 집에 있는 돈을 몰래 가져가는 습관이 생긴 것 같으니 돈을 함부로 두는 일이 없도록 주의해 달라든지 등등 사소하지만 부모로서 알아야 할 사항을 전해 주는 것이 좋다.

아이가 전 배우자를 만나러 갈 때 즐거워한다면 함께 사는 부모를 떠나기 때문에 좋아한다고 이해하기 쉽고, 함께 사는 배우자는 전 배우자가 아이들을 지나치게 허용적으로 대하기 때문이라고 생각하기 쉽다. 반대로 즐거워하지 않는다면 전 배우자가 자녀들을 학대하기 때문이라고 느낄 수 있고, 아이들이 전 배우자를 두려워하기 때문이라고 생각할 수도 있다. 그러므로 아이들의 반응에 지나치게 연연해하지 말자. 또 현재 전 배우자의 부모 역할을 이혼 전의 모습으로 판단하지 말자. 대신 자녀들이 집에 돌아와서 자발적으로 하는 이야기에 귀를 기울여 보자. 그렇다고 해서 아이들의 이야기에 지나치게 의미를 부여할 필요는 없다. 사실 함께 살지 않는 배우자가 부모로서의 역할을 잘하는지 못하는지에 대해서는 직접 경험을 한 자녀들이 더 정확하게 느끼고 판단할 것이다. 그것은 그들의 경험과 관계 속에서 서로가 느끼고 알게 되어 가는 것이지 소소히 알려 주고 판단할 것이 아니다. 그것에 지나치게 관여한다면 자녀들은 오히려 함께 살지 않는 부모와 자신들을 만나지 못하게 한다고 생각하고 함께 사는 부모에게 적대감을 품거나 신뢰감을 잃을 수도 있다. 부모로서 전 배우자가 미덥지 않다고 하더라도 서로가 보고 싶어 하고 함께 있고자 한다면 만나게 해 주어야 한다. 다만 함께 살지 않는 부모가 매우 무관심하거나 위험한 경우에는 방문을 제한하는 것이 필요하다.

**자녀가 전 배우자를 만나고 돌아왔을 때**

자녀들에게 전 배우자와 무슨 일을 했고 어떤 일들이 있었는지에 대해 일일이 묻지 말자. 아이들은 이러한 행동을 부담스러워할 것이고, 자신들이 부모 사이에서 또다시 염탐을 해야 하는지, 무언가 보고를 해야 하는지, 아니면 거짓말을 해야 하는지에 대해 고민하게 될 것이다. 이렇게 되면 자녀들은 방문을 편안하게 생각하지 못하고 양쪽 부모 사이에 놓여 긴장하게 될 것이다. 부모 역시 잘못 전해진 이야기로 서로에 대한 불신과 오해가 생겨 공동 양육자로서의 역할에서도 갈등을 빚을 소지가 더 많다.

이혼 후 처음 만남이라면 더욱 조심스럽고 신중해야 한다. 첫 만남부터 반드시 행복해하거나 친밀감을 느끼고 돌아올 것이라는 기대는 비현실적이다. 서로가 달라진 환경에 적응하기 위해 다시 서로를 알아 가고 그 환경 속에서 다시금 관계를 맺는 것을 준비하기 위한 워밍업으로 생각해야 한다. 특히나 이혼 전 자녀들과 시간을 함께하지 못했던 부모라면 더욱 자녀들과의 관계가 소원했을 것이고 서로 당황해하며 어색할 수도 있다. 함께 사는 부모는 이를 먼저 예상하고 자녀들을 준비시키고 안심시켜 주는 것이 좋다. 그러나 지나치게 개입하는 것은 좋지 않다. 첫 번째 만남 이후 자녀들의 반응을 살피면서 그러한 감정이 자연스러운 것이고, 차차 나아질 것이라는 점을 알려 주는 것이 필요하다.

**전 배우자를 부모로서 인정하자**

전 배우자를 함께 살지 않는 부모로서 이해해 보자. 함께 살며 자녀들을 돌보는 부모로서도 아이들을 일일이 챙기고 일관적으로 훈육하고 완벽하게 양육하기는 쉽지 않다. 더욱이 함께 살지 않는 부모라면 양육과 훈육 모두에 서툴고 허점이 많을 것이 분명하다. 그렇기 때문에 한두 번의 실수는 눈감아 주는 것이 좋다. 또 전 배우자 나름대로의 방식이 나와 다르다고 비난하거나 수정하기를 권고하지는 말자. 따로 사는 부모는 자녀들을 자주 볼 수 없는 상황이 안타깝고 미안하기 때문에 좀 더 허용적일 수 있다. 또 일상을 함께 하지 못해서 생기는 거리감을 좁히고 싶어서 필요 이상으로 기분을 맞추려고 할 수도 있다. 물론 아이들을 키우는 부모로서 이런 점들이 불만일 수 있지만 이를 표현하기 전에 서로의 입장 차를 먼저 이해할 필요가 있다. 왜냐하면, 부모 모두 자녀를 사랑하고 잘 자라기를 원하며, 아이들도 부모 각각의 훈육과 양육 방식을 이해하고 그에 맞게 행동을 조절하게 되기 때문이다. 그러므로 기준의 큰 차이나 서로 상반되는 규칙으로 혼란이 있지 않는 한, 또한 서로의 양육 방식에 대해 무시하며 갈등을 빚는 계기가 되지 않는 한 서로를 인정하며 어느 정도의 차이는 수용하는 편이 더 낫다.

**자녀가 전 배우자에게 가겠다고 한다면**

자녀의 의견을 존중한다는 이유로 자녀가 함께 살지 않는 부모를 만나지 않는 것을 방관해서는 안 된다. 중요한 결정을 자녀가 하도록 내버려 두는 것은 부모로서 권위를 포기하는 것이고 자녀에게 좋은 기회를 제공해 주지 못하는 것이기도 하다. 억지로 강요하는 것이 될 정도라면 자제해야겠지만, 이 경우에는 자녀가 왜 가기 싫어하는지를 알아봐야 할 것이다 아이가 좀 자랐고 자신의 생각이 있다고 해서 선택의 자유를 너무 많이 주는 것은 바람직하지 않다. 어떤 이유라도 자녀들이 따로 사는 부모와의 만남을 유지하지 않는다면 아이의 삶에서 중요한 것을 잃는 것이고, 그 관계가 회복될 기회를 영영 포기하는 것일 수 있다. 다만 자녀들이 강한 의지를 나타내는 사안에 대해서는 분명한 이유를 알아보고 그 말에 귀를 기울여 주는 태도는 필요하다. 또한 그럴 만한 합당한 이유가 있다면 자녀의 의견을 존중해 줄 수 있고, 융통성 있게 약속을 변경해 줄 수도 있다.

### 양육비를 보내 주지 않는데 아이들을 만나도록 해 줘야 할까

전 배우자가 양육비를 보내 주지 않는다고 해서 자녀들과의 만남을 방해해서는 안 된다. 물론 양육비를 보내 주지 않는 배우자에게 좋은 감정을 느낄 수는 없겠지만 자녀들이 부모와의 관계를 돈 문제와 연관시켜 생각하는 것은 더 불행한 일이다. 자녀들이 돈과 관련된 질문을 할 경우에는 아이들을 안심시킬 수 있도록 단호하면서 믿음이 가는 대답을 해 주는 것이 좋다. 그래야만 관계를 해치지 않고, 또 부모의 입장을 지나치게 걱정해 자신의 욕구와 감정을 숨기지 않게 되며, 부모가 어려움을 잘 헤쳐 나갈 것이라는 믿음을 가질 수 있다.

### 이혼에 적응하는 부모 스스로의 마음가짐

1. 스스로에게 적응 기간을 주어라.
   - 이혼 후 2~3년은 매우 힘들다. 스스로에게 적응 기간을 주고 시간적인 여유를 가져라.
2. 대처 기술을 스스로 조사하라.
   - 문제 중심: 문제해결을 목표로 상황이나 환경을 조정하기
   - 정서 중심: 상황에 반응하는 감정을 조절하기
   - 회피 대처: 문제를 피하고 술, 약물 등으로 도피하기
3. 자신을 위한 지지체계를 개발하라.
4. 일상에서의 스트레스를 조절하고 감당하라: 충분한 휴식/유머/감정을 분출하기, 규칙적 생활 유지/운동/균형 잡힌 식단, 효과적인 문제해결 전략 배우기

## 자녀와 떨어져 사는 부모가 알아야 할 사항

### 이혼 후 자녀와의 첫 번째 만남

이혼 후 첫 번째 만남은 기대와는 달리 부모에게나 자녀에게나 어색하고 쉽지 않다. 만일 자녀들이 화를 내거나 마치 처음 보는 사람처럼 수줍어한다 해도 화를 내거나 섭섭해하지 말기를 바란다. 이것은 자연스러운 모습이다. 자녀들은 자신들이 어떻게 해야 하는지 모르기 때문에 가만히 있을 수도 있고, 자신 때문에 부모가 이혼을 했다고 생각해 죄책감 때문에 위축되어 있을 수도 있다. 또는 함께 살지 않는 부모가 자신을 버렸다는 생각에 화가 나 있거나 좌절해 있을 수도 있다. 부모 역시 어색함을 줄이고 자신의 죄책감

을 줄이기 위해 자녀를 즐겁게 해 주려고 당황스러운 활동을 계획할 수도 있다. 일반적으로 놀이공원에 함께 가거나 특별한 식사를 하는 등 이벤트를 꾸밀 수도 있다. 물론 한두 차례는 괜찮지만 매번 만남이 이렇게 진행된다면 그것은 좋지 않다. 그렇기 때문에 첫 번째 만남을 위해 약간의 준비를 하는 것이 좋다. 자녀들에게 앞으로 어떤 식으로 어디에서 얼마나 자주 만날지에 대해 말해 주어 앞으로의 만남과 생활의 변화에 대해 미리 알려 주는 것이 좋다.

첫 번째 만남 때 부모의 이혼에 대한 심정을 털어놓고 이야기하기란 쉬운 일이 아니다. 만일 첫 만남 때 자녀가 먼저 이런 이야기를 한다면 그것은 좋은 기회로 자녀의 이야기에 대해 잘잘못을 가리거나 훈계를 하지 말고 들어 주며 수용해 주는 것이 필요하다. 그렇지 않더라도 조급할 것은 없다. 부모의 안정적이고 개방적인 태도를 경험하고 안심하게 된다면 첫 번째 만남이 아니더라도 점차 자신들의 감정을 털어놓고 의지하며 예전과 같이 자연스러운 아이들의 모습을 볼 수 있을 것이다. 첫 번째 만남에서 부모와 자녀는 함께 저녁 준비를 할 수 있고, 집 안에서 놀이를 하거나 함께 책을 읽고 게임을 할 수도 있다. 자녀와 어울릴 수 있는 좋은 방법 중 하나는 자녀들이 좋아하고 흥미 있어 하는 활동을 함께하는 것이다. 예를 들어, 운동을 하거나 게임을 하거나 함께 영화를 보는 것도 좋은 활동이다. 또 자녀들과 앞으로 만날 때마다 어떻게 시간을 보내면 좋겠는지에 대해 함께 이야기를 나눠 보는 것도 좋다. 예를 들어, "네가 엄마랑 떨어져서 아빠 집에 있는 것이 편안하지 않을 수도 있어. 또 엄마가 많이 보고 싶다는 것도 이해해. 우리는 여기서 내일까지 지낼 거야. 앞으로 이렇게 아빠랑 아빠 집에서 만나게 될 거고, 여기서 잠도 자고 갈 수 있어. 그럼 우리 앞으로 아빠 집에서 어떻게 지내는 게 좋을지 함께 생각해 보고 이야기해 볼까?"라고 시작할 수도 있다.

자녀들의 감정을 지나치게 모른 척하거나 자녀들이 말하는 근심, 걱정 거리들을 사소한 것으로 치부해 버리는 실수를 할 수도 있다. 이보다는 구체적으로 이야기를 듣고 설명해 주고 해결책을 함께 고민해 보는 태도를 보여 주는 것이 중요하다. 예를 들어, "민수야, 네가 그런 걱정이 있는 줄 몰랐구나. 그런 이야기를 해 줘서 고마워. 네가 걱정하는 것들이 무엇인지 좀 더 들어 보고 싶은데 이야기해 줄 수 있니?"라고 말할 수 있다. 이때 너무 빨리 해결책을 제시해 주는 것은 좋지 않고, 자녀의 고민을 충분히 들어 주고 이해한다는 표현을 하며 공감하고 수용해 주는 것이 중요하다. 이것이 어려운 부모는 자신의 어린 시절에 대한 이야기를 해 주는 것도 도움이 된다. 좋았던 기억, 힘들었던 기억, 무서웠던 기억, 실망한 기억 등을 이야기해 주는 것은 자녀와 가까워지는 데 도움이 되고 자녀들과 마찬가지로 부모도 어린 시절에 어려움이 있었다는 것을 알려 준다. 자녀가 궁금해한다면 부모가 어떻게 살고 있고, 부모에게 중요한 것이 무엇인지를 말해 준다. 이를 통해 자녀는 부모가 멀어졌다는 생각을 하지 않고 지속적으로 친근감을 갖고 지낼 수 있다. 특히 자녀들에게 질문을 하고 관심을 보여 주는 것이 중요하다. 함께 지내지는 못하지만 자녀들의 삶에 여전히 관심이 있고 지원해 주고 싶으며 언제든지 도울 수 있다는 느낌을 주는 것이 필요하다.

### 함께 있는 시간에 무엇을 해야 하나

규칙적으로 짜인 일정과 기본적인 일상생활을 자연스럽고 편안하게 하는 것이 매우 중요하다. 즉, 저녁 식사를 집에서 함께하는 것, 숙제를 봐 주고 학교생활에 대해 이야기 나누는 것, 장을 보는 것, 씻겨 주고 옷을 입혀 주는 것, 잠자리를 봐 주는 것, 밤을 함께 보내는 것 등 일상적인 활동을 함께 살지 않는 부모와 규칙적으로 하는 것은 매우 중요하다. 이것은 특별한 이벤트는 아니지만 진짜 부모 역할을 하는 것이다. 이는 자녀에게 사랑하는 마음을 전하며 부모에게 자녀들이 소중한 존재라는 것을 알려 주는 가치가 있다. 오락 위주의 방문이 멈추고 일상에서의 부모 역할로 함께하는 시간이 많아질수록 자녀들은 안정이 되고 부모가 여전히 자신을 사랑하고 있다는 것을 느끼게 되어 올바른 부모-자녀

관계가 시작된다.

　함께 살지 않는 부모가 그저 친구처럼 되는 경우에는 많은 것을 잃을 수 있다. 함께 살지 않는 부모도 자신의 공간 안에서 자녀들과 실랑이하고 씨름하면서 자녀들과 부모로서 상호작용하는 것이 무척 중요하다. 즉, 자녀들의 일상을 감독하고 돌봐 주며, 공부를 도와주고, 친구관계에 관심을 갖고, 선생님들에 대해 이야기를 나누고, 눈물을 닦아 주고 반창고를 붙여 주며 자기 전에 책을 읽어 주는 등 일상의 소소하고 작은 활동 속에서 함께하는 것이 진정한 부모 역할임을 잊지 말자. 그리고 그 안에서 발견한 사실이나 사건들에 대해서는 필요하다면 함께 사는 부모에게 알려 주는 것도 좋다.

　자녀들과 함께 많은 시간을 보낸 적이 없는 부모라면, 한국사회에서는 아버지인 경우가 많다. 하룻밤 사이에 능숙하게 자녀들과 일상을 보내고 즐거움을 느끼는 것이 어려울 수 있다. 이런 경우 친구들이나 친척들의 도움을 받아 함께 즐겁고 편안한 시간을 보내는 것도 좋다. 항상 만남이 이렇게 이루어진다면 문제가 될 수 있지만 이혼 초반에는 다양한 관계 속에서 이로운 것을 배우고 얻을 수 있다. 다만 다른 사람들과 함께 있을 때에도 반드시 함께 살지 않는 부모가 곁에 있으면서 충분한 시간을 함께해 주어야 한다. 예를 들어, 할머니 댁에 가서 고모나 삼촌들과 있게 두고 아버지는 밖에 나간다면 자

공동 양육할 경우 알아야 할 사항

녀는 자신이 버림받았다는 느낌과 아버지가 자신을 부담스러워한다는 것을 직감하게 될 것이다.

### 보고 싶은데 갑자기 찾아가도 될까

예견되지 않은 급작스러운 방문은 자녀들에게 좋지 않은 영향을 줄 수 있다. 자녀들에게는 일관성과 신뢰성이 중요한데, 이는 자녀들의 생활을 예측할 수 있게 단순화시키고, 이것이 안정적으로 지켜질 때 생기게 된다. 갑작스러운 방문은 생활의 규칙성을 깨뜨리고 앞으로 또 이런 방문이 있을 수 있다는 비현실적인 기대감을 심어 주며 이것이 이뤄지지 않을 경우 좌절감을 안겨 줄 수 있다. 이런 모든 것은 자녀를 양육하고 있는 한쪽 배우자에게는 매우 힘든 일이 될 수도 있다. 그러므로 자녀와의 약속은 규칙적이고 일관적으로 지켜지는 것이 매우 중요하다. 자녀가 함께 살지 않는 부모를 갑자기 보고 싶다고 말하는 경우에도 마찬가지다. 이 경우 전화 통화나 이메일, 편지 등을 이용해 연락을 하거나 소망을 작게나마 충족시켜 주는 것이 좋다.

### 미안한 마음에 잘못된 보상을 하지 않도록 하자

자녀에게 미안한 마음에 계속해서 사과하거나 비싼 것을 사 주거나 놀이동산에 가는 것으로 보상하려고 하지 말자. 이혼에 대한 결정은 두 어른의 일이며, 자녀에게 책임이 없음을 분명히 알려 준다. 그렇지만 부모로서 자녀에게 할 일은 앞으로도 많고 또 그 일에 있어서는 책임을 다할 것임을 알려 주면 충분하다. 자녀들이 이러한 마음을 이용해 자신이 원하는 것을 들어주게 만들  거나 부모보다 더 높은 권위를 갖게 해서는 안 된다. 결국 이것은 자녀의 행동을 망치고, 자녀의 사회생활이나 대인관계를 어렵게 만들 수 있다. 자녀에게 주는 용돈이나 선물에 대해서는 규칙을 갖고 현실적으로 하는 것이 중요하다. 떨어져 살지만 부모는 친구가 아니라 여전히 부모여야 한다.

### 자녀를 키우고 있는 전 배우자의 입장을 고려하자

전 배우자와의 사랑이 끝났다고 해도 자녀를 사랑하는 부모의 사랑도 끝난 것은 아니다. 부모의 사랑은 자녀들이 이혼에 적응하는 데 결정적인 역할을 한다. 그러므로 자녀가 편안하게 두 부모를 사랑하고 두 부모와 시간을 보내는 것을 자연스럽게 수용하고 허락하는 것이 중요하다. 더욱이 자녀가 전 배우자를 사랑한다는 사실이 당신을 덜 사랑한다는 것을 의미하는 것이 아님을 기억해야 한다. 자녀가 전 배우자를 좋아하고 사랑하는 마음을 수용하고 격려해 주자. 자녀가 다른 부모에 대해 이야기를 하고 무언가 나누고 싶어 하는 것은 자연스러운 일이므로 이에 관해 말하는 것을 막지 말자. 내 자녀를 혼자 힘으로 어렵게 키우고 있는 것을 기억한다면 전 배우자에 대한 감정이 좋지 않다 하더라도 나의 감정과 자녀의 감정을 분리하는 것이 어렵지만은 않을 것이다.

## 혼자 양육할 경우 알아야 할 사항

이혼 후 공동 양육을 하는 것은 자녀와 부모 모두에게 좋은 일이 될 것이다. 자녀의 입장에서는 부모가 헤어졌지만 여전히 자신을 사랑하고 있고 부모로서의 책임을 다하려 하는 부모를 바라보며 신뢰를 되찾고 새로운 변화에 적응할 수 있게 될 것이다. 아이를 혼자 키워야 하는 남겨진 부모는 이제 한부모로서 양육과 가사, 직장일에 무척 바쁘고 분주한 환경에 놓이게 된다. 이때 자녀들을 보살피고 훈육하는 데 전 배우자가 부모 역할을 나누어 도움을 준다면 정신적으로나 신체적으로 보다 여유로울 수 있을 것이다. 또한 떠난 부모의 경우에도 자신의 인생에서 배우자로서의 인생은 실패를 맛보았지만 부모로서 자녀들을 돌보는 역할을 변함없이 할 수 있고 자녀들과 함께할 수 있다는 것에 자부심을 가질 수 있다.

그러나 현실적으로 많은 부모들이 공동 양육을 실행하기 힘들어한다. 서로에 대한 좋지 않은 감정 때문에 여전히 부모로서 해야 할 많은 대화와 타협에 실패하기도 하고, 경제적인 이유로 인해 점점 더 멀어지게 되며, 따로 사는 물리적인 이유들이 정서적인 간격을 가져와 결국 이혼 2년 후에는 따로 사는 부모의 관여와 역할이 매우 감소되는 일들이 많아진다. 결국 한 가정 안에서 한부모가 자녀를 키우는 일이 더 많아지게 된다는 뜻이다. 이런 경우라도 자녀가 있는 앞에서 전 배우자가 관여하지 않는 것에 대해 비난하거나 폄하하는 말을 하는 것은 좋지 않다. 왜냐하면 이 경우 남겨진 부모보다도 더 상처를 입고 좌절하는 것은 자녀들이기 때문이다. 이뿐 아니라 남겨진 부모마저 자신들을 버리지 않을까 하는 걱정에 불안해하게 된다. 자녀들은 이미 떠난 부모에 대해 스스로 평가를 하고 감정 정리를 하고 있을 수도 있다. 그러므로 아이 스스로 떠난 부모에 대해 결론을 내릴 수 있도록 놔 두는 것이 좋다. 아이의 감정에 영향을 미치는 것은 더욱 큰 상처를 입힐 수도 있다. 다행히도 자녀가 한쪽 부모와 강하고 긍정적인 관계를 지속한다면 떠난 부모로부터 받은 상처를 완화시키고 잘 적응하게 된다는 점이 여러 연구에서 확인되었다. 그러니 자녀가 이러한 상처를 극복할 수 있도록 돕는 방법을 생각하는 것이 더욱 생산적일 것이다.

### 당신이 엄마, 아빠 노릇을 다 할 수는 없다

이제 남은 부모는 스스로에게 짐을 지운다. 혼자 힘으로 엄마, 아빠 역할을 다 하려고 애쓰지만 현실적으로 그것은 무척 힘들 뿐 아니라 결코 가능하지도 않다. 이 점을 스스로 인정하고 받아들이는 것이 중요하다. 특히 혼자된 엄마들은 자녀를 더 잘 키우기 위해 초인적인 힘을 발휘해 가정을 돌보려고 하고 아이들을 성공시키고자 하며 어려워진 경제 여건으로 인해 직장에서도 유능하게 일하기를 소망한다. 그러나 이러한 비현실적인 기대는 자신을 소진시켜 자녀들의 욕구에 민감하게 반응하지 못하게 하고 좌절에 빠지게 만들 뿐이다. 이런 스트레스가 누적되면 자녀들은 이혼 전에 받았던 것에 비해 어른들의 관심을 덜 받게 되고 더 통제받게 되어 사소한 다툼이 끊이지 않게 된다. 특히 혼자 남은 엄마는 딸보다 아들의 행동을 통제하고 훈육하는 데 어려움이 많아지는데, 시간을 투자하지 않고 멀리서 통제하려는 엄마의 요구를 아들은 쉽게 거부할 수 있고, 적개심을 더 많이 느끼기 때문이다.

혼자된 부모는 이혼하기 전보다 자녀들과 함께 많은 시간을 보내지 못하고, 일정한 시간에 잠자리를 봐 주지 못하며, 숙제에 신

경을 덜 쓸 수도 있고, 지각하지 않도록 따라다니며 아이들을 챙길 수 없다. 이렇게 일반 가정의 부모들처럼 항상 가까이서 자녀들을 감독하지 못하여 자녀들이 집에 혼자 있거나 친구들과 보내는 시간이 많아지게 된다. 그렇기 때문에 스스로 이 모든 짐을 다 짊어지려고 할 때 어려움이 생긴다는 점과 그 결과 부모의 기대와는 달리 자녀에게 더 좋지 못한 결과를 가져오게 된다는 점을 반드시 기억해야 할 것이다. 이혼 자체가 자녀들에게 나쁜 결과를 가져온다기보다 이혼 후 양육의 질이 자녀들에게 안 좋은 영향을 준다고 말하는 것이 정확할 것이다.

### 떠난 부모가 자녀를 사랑할 거라고 항상 일깨워 줄 필요는 없다

만일 떠난 부모가 피치 못할 사정으로 떠난 상태라면, 그 부모가 자녀를 사랑하지만 사정이 있어서 잠시 못 만나게 된 것임을 알려 주고 여전히 자녀를 그리워한다는 사실을 전하는 것이 좋다. 그러나 그럴 가능성이 희박한 경우, 즉 함께 살지 않는 부모가 아동과 접촉이 거의 없는 상황에서 이런 말은 진심이 아니다. 그것을 자녀들은 잘 알고 있을 것이다. 사랑이란 말 한마디로 느껴지는 것이 아니다. 사랑은 서로를 그리워하고 함께 시간을 보내고자 하며 서로 주고받는 상호적인 것이다. 어린아이일수록 말로만 하는 사랑이 아니라 표현해 주고 보살펴 주는 실제적인 사랑이 필요하다. 그럼에도 불구하고 부모는 자녀가 사실을 알면 심리적으로 큰 충격을 받을 것이라고 생각하여 말을 포장하거나 애매하게 말을 돌린다. 그러나 이러한 변명을 듣게 된 아동은 사랑한다면서 사랑을 보여 주는 어떤 행동도 하지 않는다는 데에서 사랑이 무엇인지 혼란을 겪게 된다. 결국 이러한 말이 갖고 있는 불합리성과 부모의 이중성을 눈치챈다. 따라서 함께 살고 있는 부모도 믿지 못하고 자신의 감정을 숨겨야 한다고 느끼며 스스로를 억압하게 된다. 더 나아가 사랑의 개념에 대해 혼란을 겪게 되면서 현재와 장래에 있을 자녀의 애정 관계에 어려움을 초래할 수도 있다. 그렇다고 해서 자녀를 사랑하지 않아서 떠났다고 말해 줄 필요는 없다.

중요한 것은 아동 자신이 아니라 자신들을 돌보지 않는 부모에게 문제가 있다는 것을 아는 것이다. 한쪽 부모에게 얻지 못하는 사랑에 대한 결핍감도 힘겨운 일이지만 자신이 사랑받을 만한 대상이 아니라는 자기상은 앞으로의 인생에 큰 불행을 가져올 수 있는 중대한 일이기 때문이다.

함께 살지 않는 부모와 의미 있는 접촉은 거의 없지만 완전히 버림받지 않은 아동의 경우에는 이러한 접촉을 늘릴 수 있도록 도와주어야 한다. 상당한 시도 후에도 효과가 없다면 현실을 받아들이고 그 부모가 제공할 의향이 있는, 혹은 제공할 능력이 있는 애정 이상을 이끌어 내려는 노력을 그만두도록 하는 것이 좋을 것이다. 예를 들어, 일 년에 한두 번의 방문이나 특정한 일에만 공식적으로 만남을 가질 수 있다. 이때에는 다른 곳에서 대리 만족을 찾을 수 있도록 해 주어야 하며 그렇게 할 때 자녀가 느끼는 불안, 분노, 좌절감이 줄어들 수 있다.

**부모 이외의 다른 사람들과의 좋은 관계를 넓혀라**

자녀들이 계속적으로 조부모, 삼촌, 이모, 고모, 친척 형제 등 다양한 관계 속의 사람들을 만날 수 있도록 도와주자. 이것은 자녀들에게 좋은 조력자들이 있다는 것을 암시해 줄 수 있고, 무엇보다 스스로 사랑받고 있고, 사랑받을 만한 존재임을 느낄 수 있게 해 주어 좋다. 자녀들은 부모의 이혼을 경험하면서 이를 자신의 탓으로 받아들여 죄책감을 느끼는 일이 많다. 그러므로 부모의 이혼이 그들의 탓이 아님을 반복적으로 말해 주고 여전히 자녀를 사랑하고 있다는 말을 해 줄 필요가 있다. 하지만 그것만으로는 충분치 않다. 더욱이 같이 살지 않는 부모가 더 이상 양육에 관여하지 않고 찾아오지 않을 때 자녀들은 또다시 버림받았다는 느낌을 받고 큰 상처를 입는다. 그러므로 실제 경험을 통해 자신이 여전히 사랑을 받고 있고, 그럴 만한 가치가 있는 사람이란 느낌을 받아야 한다. 그래야만 문제가 진정 자신에게 있지 않다는 확신을 갖게 된다. 만일 자녀들과 만나는 주변의 성인들이 이혼을 둘러싼 적대감에 빠져 있을 때 자녀들은 그들과의 만남을 힘들어하고, 그 만남 자체가 피상적이 될 수 있다. 그러므로 자녀들이 또 다른 전쟁터에 초대되길 바라지 않는다면 이혼을 둘러싼 부정적인 면에 자녀가 더 이상 노출되지 않도록 주변 사람들에게 도움을 요청하는 것이 매우 중요하다. 그렇게 하면 그들도 이혼이 자녀들에게 미치는 부정적인 영향을 최소화할 수 있도록 도울 수 있게 될 것이다.

또 하나 주의할 점은 주변 사람들에게 지나치게 자녀들을 자주 맡겨서 부모의 역할이 전이되게 해서는 안 된다. 앞에서 말한 바와 같이 혼자된 부모가 자신의 부모에게 자녀들을 맡길 경우 부모로서의 권한을 조부모가 갖게 된다면 자녀는 남은 부모조차도 자신을 양육하는 것을 부담스러워해서 조부모에게 맡겼다고 느낄 수 있다. 그렇게 된다면 또다시 버림을 받는 것으로 비춰질 수 있으므로 매우 조심해야 할 것이다. 따라서 조부모에게 일시적으로 도움을 받는다 하더라도 자녀들의 훈육에 있어서는 남은 부모가 책임을 안고 결정권을 갖고 있어야 자녀들도 혼란스럽지 않게 된다.

**자녀가 느끼는 분노를 인정하라**

자녀들이 느끼는 감정, 자신이 거부당했다는 것에 대한 분노와 적개심, 좌절감에 대해 마음 편안하게 느낄 수 있도록 도와줘야 한다. 자녀들은 이러한 감정에 대해서도 죄책감을 갖고 감정을 숨기려고 하며 위축될 수 있다. 그러므로 이런 감정들을 느끼는 것은 자연스러운 일이라는 점을 알도록 해 주고, 이에 대해 느끼는 죄책감을 경감시켜 주는 것이 필요하다. 분노는 단지 표현한다고 해서 없어지는 것이 아니다. 대체적인 만족을 얻어서 상황이 바뀌어야만 더 이상 분노하지 않게 된다. 떠난 부모로부터 받지 못하는 애정과 관심을 남겨진 부모와 다른 가까운 사람들로부터 받을 수 있다고 느낀다면 분노로 인해 힘들어지는 일은 많지 않을 것이다.

[ 이혼 후 아버지는 어떻게 해야 하는 걸까 ]

이혼 전 자녀들과 친하지 못했던 아버지가 이혼 후 자신의 역할을 찾기란 쉽지 않은 일이다. 일과 사회적인 관계 속에서 바쁜 생활로 자녀들과 함께하는 시간이 많지 않았던 아버지라면 이혼 후 자주 만나지 못하는 상황에서 자신의 입지를 찾기란 참으로 어려운 일일 것이다. 이런 이유에서 이혼 후 아버지들은 여러 번의 시행착오를 겪고 그 가운데 아버지 역할을 포기하는 경우도 생긴다. 다음은 이혼 후 쉽게 볼 수 있는 바람직하지 않은 아버지 유형 세 가지다.

{ 무책임한 아버지 }

혼자된 어머니는 자녀들과 씨름을 하며 힘들게 살고 있는데 혼자된 아버지는 독신 생활을 만끽하며 생활할 수도 있다. 자녀들에 대한 양육의 책임을 외면한 채 자신만의 생활에 몰두할 수도 있고, 술이나 약물 남용의 문제로 인해 자녀들에 대한 책임을 다하지 못하는 경우도 있을 수 있다. 이 경우에도 자녀들에게 상황을 정확히 알려 주어야 한다. 지키지 못할 약속을 하고, 약속을 해 놓고도 자주 어겨 정기적이고 신뢰할 수 있는 만남을 지속할 수 없다면 자녀들은 뭔가 자신에게 잘못이 있다고 느낄 수도 있고, 사랑이라는 것에 대해 왜곡된 인식을 가져 훗날 이성관계나 사람들과의 관계에서 어려움을 겪을 수도 있다. 자녀가 언젠가는 아버지나 어머니와 더 가깝게 지낼 수 있을 것이라는 비현실적인 기대를 지속하도록 하는 것이나 좋은 의도에서라도 약속을 지키지 않는 부모를 보호하려 하거나 자녀가 상처받을 것을 걱정해 변명하는 것은 옳지 않다. 앞으로 정기적인 만남을 기대하기 어렵다고 말해 주고, 이것이 자녀가 무언가 부족하고 사랑스럽지 않기 때문이 아니라 부모가 역할을 하기 어려운 상황이고 이것은 부모의 책임이라는 것을 알려 주어야 한다. 물론 잔혹하게 들릴지는 모르겠지만 이것이 자녀가 느낄 좌절감, 우울감, 낮은 자존감, 학교생활에서의 실패, 사람들과의 관계 속에서의 실패로 이어지지 않게 하는 최선책이 될 수 있다.

[무력화된 아버지]

무책임한 아버지와는 상반되게 이들은 이혼 후 자신이 충분히 좋은 아버지가 될 수 없음을 깨닫고 아버지 역할을 포기하려고 한다. 대체로 이 유형은 이혼 전에는 온정적이고 책임감이 있는 아버지였을 가능성이 높지만 이혼 후 전 배우자가 아버지 역할을 할 기회를 제공해 주지 않거나 아이가 아버지에게 적대적일 때 아이와 제한된 시간에 만나면서 매번 헤어져야 한다거나 자녀를 만나러 다른 남자의 집을 방문해야 하는 것들을 힘겨워할 수 있다. 이런 아버지 중에는 계속 상처를 받기보다는 차라리 아버지 역할을 포기해 버리는 경우도 있다. 자녀에게 아버지를 잃는 것은 큰 상실이고 혼자된 어머니가 자녀를 양육하는 데에도 힘겨운 부담이 될 수 있다. 그러므로 아버지 역할을 완전히 포기하기보다 좀 더 나은 선택을 하도록 도울 수 있다. 즉, 아버지 내부에서 자신을 방해하는 진짜 장애물이 무언지에 대해 인식할 수 있도록 상담을 권유하거나 지지집단(support group)이 도움이 될 수 있고, 어머니가 아버지 역할을 할 기회를 제공해 주거나 양육에 참여하도록 도울 수도 있다.

[친구 같은 아버지]

이혼 후 가장 많은 아버지들이 이 유형에 속한다. 이러한 아버지는 자녀들에게 우호적이지만 권위가 없고 단지 함께 즐거운 시간만을 보내려고 한다. '놀이동산 아버지' '이벤트성 아버지'가 그렇다. 이 경우 진정한 부모 역할을 상실하게 되는데, 그 이유는 자녀를 훈육하는 것을 주저하고 제대로 된 부모 역할에 포함되는 갈등을 회피하고자 하기 때문이다. 자녀의 행동을 주시하고 적절히 개입하고 올바른 인격 형성에 관여하지 않은 채 단지 놀이동산 친구로 남아 있게 된다. 이 아버지들의 마음도 이해하지 못하는 바는 아니다. 이혼 전에도 자녀들의 훈육이나 양육에 관여하지 못했던 아버지들이 하루아침에 성공적으로 아버지 역할을 해내기는 어렵다. 무엇을 어떻게 해야 하는지 모르는 경우가 대다수다. 이런 상황에서 자녀들을 오랜만에 보게 되면 자녀들과 보다 즐거운 시간을 보내고 싶은 욕구가 더 강해질 수밖에 없을 것이다. 그러나 이것이 진정한 의미의 부모 역할이 아니며, 자녀들에게 좋은 훈육을 제공할 기회가 점점 더 줄어들 수 있고 인성 발달에도 좋지 않다. 자녀들의 인생에 아버지로서 동참한다는 것의 의미에 대해 단기적인 상담을 받음으로써 좋은 효과를 발휘할 수 있다. 상담을 통해, 아버지들은 단지 몇 시간이지만 자녀들과 어떻게 시간을 보내는 것이 좋은지, 자주 만나지 못하는 경우에는 어떻게 아버지 역할을 하는지에 대해 배우게 되며 지속적이고 적극적인 참여를 할 수 있게 된다. 아버지가 적극적인 부모 역할을 계속할 수 있도록 돕는 것이 결국 어머니, 아버지, 자녀 모두에게 유익한 것임을 명심하자.

이혼 전에 자녀들에게 관여하지 않았던 아버지들도 가족의 위기 이후 자녀에게 더 많은 관심을 쏟게 되고 좋은 아버지가 될 수 있는 변화의 기회를 가질 수 있다. 이혼의 위기는 심각한 고통을 수반하지만 또 새로운 변화를 위한 잠재력도 가진다. 이를 위해서는 어머니의 도움이 필요하다. 즉, 아버지 역할을 할 수 있는 기회를 마련해 주고 자녀들에 대한 아버지의 관심과 훈육 방식을 존중해 주고 일관적인 훈육을 위해 상호 협조하는 태도를 보이는 것이 중요하다. 이것이 결국 모두를 위한 길이 될 것이다.

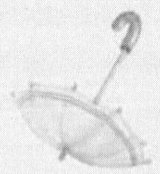

# 자녀의 연령에 따른 이혼에 대한 반응

{ 유년기(만 2세 반~만 7세) }

이 발달 단계의 자녀들은 부모의 이혼에 매우 놀라고, 혼란스러워하며, 자신의 잘못으로 생각한다. 자신이 유기되거나 다른 곳으로 보내질 것을 두려워한다. 5~6세 아동은 자신의 감정을 표현하기도 하나 이혼과 관련된 변화의 일부만을 이해할 수 있다. 한편, 퇴행 행동을 보일 수 있는데, 예를 들어 잠자리에서 오줌을 싸거나 잠을 잘 자지 못하거나 옛날보다 더 자주 담요 속으로 숨어들어 가는 행동을 보일 수 있다. 또는 상실의 고통으로부터 자신을 보호하기 위해 떨어져 사는 부모로부터 자신을 완전히 분리시키려 하기도 한다. 따로 사는 부모에 관해 말하지 않거나 전혀 보지 않으려 하는 것은 접촉을 끊음으로 자신의 고통을 억압하거나 무감각하게 만들려고 하는 시도인 것이다.

{ 학령 전기(만 7세~만 9세) }

이 시기의 아동은 슬픔, 두려움, 불안전성, 상실감을 드러낸다.

자신이 거부당했거나 유기당했다고 느끼지만 이 모든 것이 자신의 탓이라고 자신을 비난하지는 않는다. 아버지에게 분노를 표현하기 힘들어하고, 어머니가 아버지를 다른 곳으로 보냈다고 믿기 때문에 어머니에 대한 분노를 느끼나 이런 행동을 하면 어머니를 화나게 하기 때문에 이 또한 두려워하며 억압한다. 부모의 재결합에 대한 열망을 강하게 갖고 있으며, 눈앞에 벌어질 일들에 대한 호기심을 갖고 있어 '다음엔 어떤 일이 벌어질까?'란 생각을 많이 한다. 그러므로 아이들의 질문이 많아지는데 이에 대해 구체적으로 대답해 줄 필요가 있다. 예를 들어, "오늘 학교를 다녀오면 아빠가 올 거야. 아빠가 와서 함께 저녁식사를 할 거고, 집에 데려다 줄 거야."라고 구체적으로 말해 주면 좋다. 가끔 퇴행 행동을 보일 수 있어서 자신의 감정을 숨기다가도 화를 내며 울기도 하고, 부모에게 안기기도 하는 행동을 보일 수 있다.

### 학령 후기(만 9세~만 12세)

이 시기의 자녀들은 이혼에 대해 좀 더 현실적으로 이해하며 자신의 감정이나 강렬한 분노를 잘 표현할 수 있다. 이혼에 대해 더 이상 책임감을 느끼지 않지만 부모의 행동에 대해 수치감, 창피함을 느끼며 도덕적인 면에 대한 분노를 느낀다. 두 명의 부모에 대한 사랑에 갈등을 느끼고 자주 외로움을 느끼며 부모로부터 자신들이 거부되었다는 점에 분노를 느낀다. 따라서 요구가 많아지거나 부모 중 한쪽을 도덕적으로 크게 꾸짖는 모습도 보일 수 있다. 학교 성적이 떨어지거나 도벽 또는 거짓말 등 부적응 문제를 일으킬 수 있고 몸이 아프다고 호소하는 일도 벌어질 수 있다.

{ 청소년기(만 12세 이후) }

다른 연령층에 비해 가장 개방적으로 이혼에 대한 분노를 표현한다. 강한 분노, 슬픔, 부끄러움, 당혹감을 나타낸다. 그러나 이혼으로 인해 청소년들은 부모를 한 사람의 인간으로 인식하게 되며 부모 각자와의 관계에 대해서도 새롭게 평가할 수 있게 된다. 또한 훌륭한 결혼생활에 대한 자신들의 가치관이나 개념을 재평가한다. 대부분의 청소년들은 부모의 이혼 1년 후에 부모에 대한 갈등을 극복한다고 한다. 성적인 관심이 높아지고 성적인 성숙이 이뤄지는 시기이므로 부모 한쪽이 새로운 이성 친구와 교제한다면 부모의 성생활을 의식해서 스트레스를 받을 가능성도 있다.

# 자녀의 연령에 따른 비동거 부모와의 만남방법

## { 영아기 및 걸음마기(0~만 2세 반) }

이 시기의 아동에게 가장 중요한 발달 과업은 양육자와 세상에 대한 신뢰감과 애정을 바탕으로 안정적인 애착 attachment 을 형성하는 것이다. 이것은 훗날 아동의 대인관계와 삶의 질을 크게 좌우하는 중요한 과업이므로 아동이 안정적인 애착을 형성하고 유지할 수 있도록 부모가 배려해 주는 것이 중요하다. 이를 위해서는 일단 일차 양육 부모와의 접촉을 안정적으로 유지하도록 하고, 친밀하고 편안하며 안정감 있는 환경을 조성해 주는 것이 가장 중요하다. 따라서 현재까지 유아를 양육해 온 양육책임자가 계속적으로 아동을 키우는 것이 바람직하고, 함께 살지 않는 부모도 자주 만날 수 있도록 가까운 곳에 거주하는 것이 가장 좋다. 그러나 숙박은 권고사항이 아니며, 만일 떨어져서 먼 곳에 살고 있다면 규칙적이고 안정적인 만남을 지속하는 것이 중요하다. 아동을 양육하고 있던 일차 양육 부모와 떨어져서 다른 부모와 살게 되는 등 자주 양육자가 바뀌게 된다면 예를 들어, 바쁜 아버지가 자녀를 맡아 키우지만 낮에 주로 돌보는 양육자가 자주 바뀌게 된다면, 안정적인 애착 형성에 큰 어려움을 가져올 수 있다.

이것은 발달의 문제나 정서 문제, 대인관계에서의 문제를 가져올 수 있다.

### { 유년기(만 2세 반~만 7세) }

이 연령의 아이들은 언어와 사고의 발달로 자신의 감정을 표현하는 능력이 발달한다. 또한 신체적 기능이 숙달되어 자신의 신체를 마음껏 조절할 수 있게 된다. 이때 중요한 발달 과업은 독립심과 주도성을 키우고, 자신에 대한 자의식을 성장시키는 것이다. 자녀와의 만남을 계획할 때에는 이혼 이전에 자녀와 함께했던 시간이나 보살핌의 정도에 비례하여 시간을 분배하는 것이 좋다. 만일 비동거 부모와 숙박을 하게 된다면 초반에는 한 주에 한 번, 주말에 숙박을 할 수 있고, 점차 적응해 나가면서 3~4일의 긴 숙박도 가능해진다. 그러나 아동의 일상적인 생활 예를 들어, 유치원 생활이나 또래와의 만남 등을 해치지 않는 선에서 숙박과 방문이 이뤄져야 한다. 방문 전에는 필수적으로 전화와 편지, 이메일, 문자 메시지 등으로 접촉을 계속 유지하도록 격려하고 도와야 하며 이 사항은 이후의 연령에서도 지속되어야 한다. 비동거 부모와 찍은 사진이나 애착물건, 기념품을 간직하는 것을 동거 부모는 보호해 주고 존중해 주어야 한다.

{ 학령 전기 및 후기(만 7세~만 12세) }

학령기 아동에게는 학교생활에 적응하는 것이 가장 중요한 문제가 되고 또래관계가 중요해진다. 학교에 적응을 잘해야 아이들이 앞으로 사회에서 필요한 지식을 잘 습득할 수 있고, 또래관계에서 편안함과 즐거움을 느낄 수 있어야 성인이 되어서도 사회생활을 잘할 수 있다. 따라서 학교생활이나 지역사회활동, 또래와의 관계, 학원 등 특별활동에 지장이 없이 일관성을 유지하며 적응할 수 있도록 아동의 생활을 존중해 주는 것이 가장 중요하다. 이것이 지켜진다면 매주 1~3회의 방문도 가능하고, 만일 거리가 가깝다면 학교를 오갈 수 있는 거리라면, 각 부모의 가정을 3~4일씩, 또는 좀 더 적응을 잘한다면 한 주씩 교대로 오갈 수도 있다. 다만 아동에게 주어지는 훈육의 규칙과 일상의 규칙들을 두 부모가 일관적으로 공유해야만 아동이 혼란 없이 일상생활을 유지해 나갈 수 있다. 즉, 엄마 집과 아빠 집에서의 규칙, 예를 들어 학원에 가는 시간, 귀가 시간, 식사 시간, 잠자리에 드는 시간이나 일어나는 시간 등이 대체로 유사해야만 아이가 혼란 없이 적응할 수 있고, 그래야만 아이의 사회생활을 일관적으로 유지할 수 있다. 이를 위해서 두 부모가 자녀에 대해 자주 대화를 나누고 자녀를 위해 유연성 있게 규칙을 수정할 수 있는데, 둘의 의사소통이 어느 정도 원활해야만 가능하다. 만일 비동거 부모와 먼 거리에 살고 있다면, 방학기간을 이용해 자녀 혼자 2주 정도의 긴 여행을 다녀올 수 있다. 이때도 역시 일관성 있게 아동의 생활을 관리해 주고, 동거 부모와 긴밀한 연락을 취해 무슨 일을 하며 지내는지 건강은 어떠한지 등에 대해 알려 주어야 한다. 만일 다녀온 후 일상에 적응을 하지 못하거나 두 부모의 생활환경이나 훈육방침이 다른 것을 이용해 자녀가 부모를 조정하려고 들면 장기 방문을 줄일 필요도 있다. 자녀의 학업 성취도와 또래관계, 학교 적응 상태를 면밀히 관찰해서 정서적인 문제는 없는지에 대해 지속적으로 관심을 기울여야 한다.

{ 청소년기(만 12세 이후) }

청소년기의 자녀들은 심리적인 독립을 원하기 때문에 한쪽 부모와 함께 살지 않는 환경을 이용해 해방이 가속화될 가능성도 있다. 이때 중요한 것은 안정적인 뿌리<sub>부모</sub>가 계속적으로 관심을 갖고 지켜보면서 함께하고 있다는 것을 느끼게 해 주는 것이다. 거주지나 만남의 계획에 대해서도 부모가 일률적이고 강제적으로 계획을 세우기보다는 청소년이 의사결정에 참여하는 것이 필수적이고, 이들과 함께 계획하지 않은 일정에 강제로 끌어들이는 것을 조심해야 한다. 자녀의 학교활동, 또래활동, 과외활동, 지역사회활동에 참여하는 것을 방해하지 않도록 일정을 짜야 한다. 좀 더 획기적으로는 부와 모가 동일 거주지를 교대로 출입하는 것도 가능하다. 즉, 자녀들의 집에 부모가 방문하여 동거하는 식의 형태도 가능하다는 말이다. 이때 자녀들이 버림받은 것이 아니라 부모가 자녀를 존중하고 지속적으로 지지하고 관리하고 있음을 느끼게 해주는 것이 중요하다. 비동거 부모가 먼 거리에 살고 있다면 여름철 내내 혹은 명절 연휴의 일부를 함께 보낼 수도 있다.

○ 발달 단계별 거주 및 면접 교섭 지침 (0~3세) (『이혼조정 매뉴얼』(2005) 재인용)

|  | | |
|---|---|---|
| 발달 과업 | | • 영아기: 양육자에 대한 애착 형성, 환경에 대한 신뢰감 형성<br>• 걸음마기: 독립심 발달 시작, 말하기와 걷기가 가능해짐으로써 자의식 증가, 자신을 위로하기 위해 상징을 사용하는 능력 증가 |
| 이혼 자녀의 문제 | | • 주요 양육 부모와의 접촉 상실감을 나타낸다.<br>• 친밀하고 편안한 환경에 대한 상실감을 나타낸다. |
| 권고 사항 | 부와 모가 가까이 살 경우 | • 양육받은 이력에 근거하여 일차 거주지를 선정한다.<br>• 접근 가능성과 양육 이력에 따라 비동거 부모가 매일 짧게, 자주 방문한다.<br>• 부모가 모두 낮에 자녀를 돌보려 하기보다는 한 사람은 낮에, 또 한 사람은 밤에 자녀를 돌보도록 한다.<br>• 숙박은 권고 사항이 아니다. |
| | 부와 모가 떨어져 살 경우 | • 비동거 부모와 매일 짧게라도 만남을 가질 수 있도록 한쪽 부모가 다른 부모의 거주지로 이사올 수 있다.<br>• 장기적 관계를 유지한다. |
| 위험 요소 | | • 일차 양육 부모와의 기본적 접촉 상실감은 우울과 퇴행(어리게 행동함)을 야기한다.<br>• 주 양육자와 너무 오래 헤어져 있으면 이후 발달 단계상 분리와 대인관계 능력에 문제를 야기할 수 있다. |

| | | |
|---|---|---|
| 발달 과업 | | • 개성의 지속적 성장<br>• 자신을 위로하기 위해 장기간 부재한 부모를 마음속에 품는 능력<br>• 감정을 표현하는 언어 능력 발달<br>• 정서와 신체적 기능의 숙달과 조절 |
| 이혼 자녀의 문제 | | • 마술적 사고로 이혼에 대한 책임의식을 갖는다.<br>• 기본적 필요조건(식사, 주거)이 채워질 것인지, 면회전략 및 유기에 대한 불안을 갖는다.<br>• 본래의 가정을 꿈꾸며 이혼을 부정한다.<br>• 부모의 재결합과 관련된 환상과 행동을 보인다.<br>• 양쪽 집안을 오고 가는 데 있어 이동상의 곤란이 예상된다. |
| 권고사항 | 부와 모가 가까이 살 경우 | • 처음에는 이혼 이전 부모의 직접적 보살핌에 비례하여 시간을 분배한다.<br>• 이 단계 중 자녀 방문 기간을 점차 늘려서 최고 3~4일 정도까지 확대해도 된다.<br>• 자녀를 위한 숙박을 시행한다. 초기에는 주당 하루, 잘 적응하게 되면 3일 정도까지 확대한다.<br>• 만일 한 부모가 시간제 근무 등으로 시간적 여유가 있다면 주말을 포함한 좀 더 긴 방문을 고려할 수 있다. |
| | 부와 모가 떨어져 살 경우 | • 부모 중 한쪽이 다른 쪽의 거주지로 갈 수 있다.<br>• 자녀는 최대 2~3일의 숙박이 가능하다.<br>• 비동거 부모의 집에 있는 동안 필수적으로 동거 부모와 전화와 편지, 이메일로 접촉을 유지하도록 격려하고 도와야 한다.<br>• 동거 부모의 사진, 애착물건, 기념품을 가지고 간다. |
| 위험 요소 | | • 이전에 숙달된 발달 과업의 숙련성이 상실된다.<br>• 사회화 대행자로서의 이성 부모의 상실 혹은 동일시 모델로서 동성 부모를 상실한다.<br>• 버림받았다는 느낌을 자주 경험하면 슬픔, 우울, 낮은 자존감, 발달의 장애를 초래할 수 있다.<br>• 이 연령기에 특징적인 권력 투쟁이 후기 발달 단계에 이어진다. |

○ 발달 단계별 거주 및 면접 교섭 지침 (3~5세) (『이혼조정 매뉴얼』(2005) 재인용)

발달 단계별 거주 및 면접 교섭 지침 (6~8세) (『이혼조정 매뉴얼』(2005) 재인용)

| 구분 | | 내용 |
|---|---|---|
| 발달 과업 | | • 또래관계 및 공동체 관계 발달<br>• 도덕 발달<br>• 공감, 충동의 내적 조절력 증가<br>• 환경 속에서 주도적인 행동을 통해 자신의 능력을 확인하고 익숙한 활동들의 반복을 통한 숙련감의 발달은 긍정적 자아개념을 발달시킴 |
| 이혼 자녀의 문제 | | • 슬픔, 우울, 의기소침 등의 부정적 감정을 예방한다.<br>• 고통과 분노를 직접적으로 표출한다.<br>• 경제적인 문제와 거주 장소가 없을 것에 대해 두려워한다.<br>• 부모 모두를 상실할 것에 대해 두려워한다.<br>• 자기 비난은 책임감과 부모의 재결합을 바라는 시도로 표출된다. |
| 권고사항 | 부와 모가 가까이 살 경우 | • 많은 자녀들에게 여전히 가정이라는 안전기지가 요구된다.<br>• 자녀들이 비동거 부모를 매주 1~3회 방문할 수 있다.<br>혹은<br>• 지역사회활동, 또래활동, 학교 및 특별 활동 등을 일관되게 유지할 수 있다면 각 부모 가정을 3~4일씩 교대로 오갈 수 있다.<br>• 사전에 협의가 되었다면 자녀는 비동거 부모의 집에 가서 며칠을 지내도 괜찮다.<br>• 이 단계의 후반 시기 즈음 각 부모의 가정을 한 주씩 번갈아 오가게 해도 좋다. |
| | 부와 모가 떨어져 살 경우 | • 동거 부모와의 애착 내력과 관계성에 따라 자녀는 혼자 2주 정도의 오랜 방문을 위한 여행을 떠날 수 있다(방학 동안, 명절 동안).<br>• 만약 부모의 재정과 근무 일정이 허락된다면, 멀리 사는 부모가 자녀의 1차 주거지가 있는 지역에서 숙박하는 것을 포함하여 자주 일주일 정도의 긴 방문을 할 수 있다.<br>• 이 방문 기간 동안 자녀의 지역사회활동, 또래활동, 학교 및 특별 활동을 일관성 있게 유지해야 한다.<br>• 간혹 자녀에게 부재중인 부모와 전화와 편지를 통해 반드시 접촉하도록 허락해 주고 그렇게 하도록 도와주어야 한다.<br>• 이 단계의 후반기에서 혹은 손위 형제나 이전에 아주 관계가 깊었던 비동거 부모가 동행한다면(특히 자녀들이 전에 살던 곳을 방문한다면) 방문 기간을 늘려도 좋다(4주일까지).<br>• 향수병의 가능성이 있으므로 지나친 장기 방문은 줄일 필요가 있다. |
| 위험 요소 | | • 학업 성취도 및 학습에 좋지 않은 영향을 미칠 수 있다.<br>• 장기간 우울감이 지속될 수 있다.<br>• 이혼에 대해서만 몰두할 수 있다.<br>• 부모의 재결합을 희망하는 행동을 표출할 가능성이 있다. |

| | | |
|---|---|---|
| 발달 과업 | • 학업, 체육, 예술, 공동체 활동에 있어 숙달된 능력<br>• 향상된 자아의식 개발, 타인과의 비교를 통해 자신의 장점과 단점 평가하기<br>• 또래 수준의 사회적 질서에 적절히 적응 | |
| 이혼<br>자녀의<br>문제 | • 한쪽 부모를 향해 혹독하게 비난할 수 있고 동시에 한쪽 부모 또는 양쪽 부모를 공감적으로 이해할 수 있다.<br>• 이혼에 대한 성인 수준의 적절한 설명을 요구한다.<br>• 자신의 거부감과 취약성을 의식하며, 슬픔, 분노, 상처의 감정을 분명히 지속적으로 경험한다.<br>• 지역사회에서 수치심을 느낄 가능성이 있다. | |
| 권<br>고<br>사<br>항 | 부와<br>모가<br>가까이<br>살 경우 | • 한쪽 집을 근거지로 하고 다른 집에서는 정규적으로 예측 가능하게 특별한 밤 행사, 주말 행사나 활동을 계획한다.<br>혹은<br>• 각 부모 집을 동등한 근거지로 할 수도 있다. 각 거주지에서 2주 정도를 지낼 수 있다.<br>• 어느 가정에 있든 학교활동, 또래활동, 과외활동, 지역사회활동에 관계할 수 있도록 접근 가능성을 유지한다.<br>• '가정의 등지화', 즉 부와 모가 동일 거주지를 교대로 출입하는 것도 또 다른 방법이다.<br>• 서로 친밀한 관계를 유지한다면 여름에는 대략 50 : 50으로 각 가정에서 4~6주 정도를 보낼 수 있다. |
| | 부와<br>모가<br>떨어져<br>살 경우 | • 한쪽 가정을 근거지로 하여 거리나 여행 능력에 따라 다른 가정을 매달 1~3회 정도 주말 방문을 하도록 한다.<br>• 비동거 부모가 학예회 및 중요 행사에 참여하기 위해 혹은 교사 및 강사와의 관계를 위해 가족의 주 근거지로 올 수 있다.<br>• 방학, 명절 연휴의 절반, 봄 방학 전부를 비동거 부모와 함께 보낼 수 있다.<br>• 정규 주말에 다녀오기에 먼 거리라면 명절 연휴를 비동거 부모와 보낼 수 있다.<br>• 서로 친밀한 관계를 유지한다면 여름에는 50 : 50으로 각 가정에서 4~6주 정도를 보낼 수 있다. |
| 위험 요소 | • 학업상 지장을 초래할 수 있다.<br>• 거짓말을 하거나 다른 사람을 속이는 행동을 보일 수 있다.<br>• 다른 부모에 비해 한쪽 부모와 지나치게 가까운 동맹 관계를 형성한다.<br>• 고독감, 우울, 낮은 자존감 등을 나타낸다. | |

○ 발달 단계별 거주 및 면접 교섭 지침 (9~12세) (『이혼조정 매뉴얼』(2005) 재인용)

자녀의 연령에 따른 비동거 부모와의 만남방법

| 발달 단계별 거주 및 면접 교섭 지침 (13~18세) (『이혼조정 매뉴얼』(2005) 재인용) | 발달 과업 | • 심리적 독립: 한층 확고해지는 정체감<br>• 아동기의 상실, 가족 내 의지와 보호의 상실을 애도<br>• 성적 감정 처리<br>• 사회의 규범과 규칙에 대하여 자아감 확립 |
|---|---|---|
| | 이혼 자녀의 문제 | • 독립하고 싶은 원가정이 없으므로 오히려 독립이 가속화된다.<br>• 한쪽 혹은 양쪽 부모에 대한 탈이상화가 나타날 수 있다.<br>• 가족에 대해 당혹감을 느낀다.<br>• 보다 분명하게 드러나는 부모의 성욕에 대해 불편해한다.<br>• 자녀가 가정보다 또래 친구를 우선시하므로 방문을 원치 않을 수 있다. |
| 권고사항 | 부와 모가 가까이 살 경우 | • 한쪽 집을 근거지로 하고 다른 집에서는 정규적으로 예측 가능하게 특별한 밤 행사, 주말 행사나 활동을 계획한다.<br>혹은<br>• 각 부모 집을 동등한 근거지로 할 수도 있다. 각 거주지에서 2주까지 지낼 수 있다.<br>혹은<br>• '가정의 둥지화', 즉 부와 모가 동일 거주지를 교대로 출입하는 것도 또 다른 방법이다.<br>• 어느 정도 융통성 있게 '영구적 일정'을 세운다.<br>• 청소년의 경우 참여가 필수적이며, 미리 이야기되지 않은 일정에 강제로 이들을 끌어들일 수 없다.<br>• 어느 가정에 있든 학교활동, 또래활동, 과외활동, 지역사회활동에 관계할 수 있도록 접근 가능성을 유지한다. |
| | 부와 모가 떨어져 살 경우 | • 한쪽 가정을 주 근거지로 하여 거리나 여행 능력에 따라 다른 가정을 매달 1~3회 정도 주말 방문을 하도록 한다.<br>• 어느 정도 융통성 있게 '영구적 일정'을 세운다.<br>• 청소년의 경우 참여가 필수적이며, 미리 이야기되지 않은 일정에 강제로 이들을 끌어들일 수 없다.<br>• 비동거 부모가 학예회 및 중요 행사에 참여하기 위해 혹은 교사 및 강사와의 관계를 위해 가족의 주 근거지로 올 수 있다.<br>• 방학, 명절 연휴의 절반, 봄 방학 전부를 비동거 부모와 함께 보낼 수 있다.<br>• 정규 주말에 다녀오기에 먼 거리라면 명절 연휴를 비동거 부모와 보낼 수 있다. |

| 위험 요소 | • 소속감을 획득하기 위해 약물, 성관계, 종교 등과 관련해 행동화할 가능성이 있다.<br>• 청소년기가 늦게 시작될 수 있다.<br>• 자신의 대인관계 능력에 회의감을 느낄 수 있다. 관계에 너무 몰입하거나 너무 물러날 수도 있다. |
|---|---|

## [ 이혼 후 아들 키우기가 더 힘들어요 ]

이혼 후 자녀들의 적응을 연구한 결과 중요한 성차를 발견하게 되는데, 주로 딸이 아들보다 적응을 잘한다는 것이다. 이혼뿐 아니라 부부 갈등이나 이혼 후 한부모가 자녀를 양육할 경우에, 특히 어머니가 자녀를 양육할 경우에 아들이 적응에 어려움을 보일 가능성이 높고, 아들의 나이가 어릴수록 더욱 취약하다.

어머니가 자녀를 양육할 경우 딸보다 아들이 학교나 집에서 더 자주 문제행동을 보이고, 친구들과 어울리는 데 어려움을 겪는 경우가 더 많고 학업 성적이 좋지 않다. 이혼 2년 후 어머니와 함께 사는 딸은 양부모가 함께 사는 집의 딸과 비슷한 수준의 적응을 보이는 반면, 아들은 그 차이가 현격히 나타난다. 왜 그럴까? 이혼 후 부모가 아들을 효과적으로 훈육하지 못하는 것과 딸보다 아들에게 더 분노하고 비난을 하는 것이 가장 주요한 이유라고 한다.

일반적으로 부모는 이성의 자녀보다는 동성의 자녀를 더 적극적으로, 더 잘 훈육한다. 즉, 어머니는 아들보다는 딸을, 아버지는 딸보다는 아들에게 관심을 쏟고 더 잘 다룬다는 말이다. 그런데 이혼 후 80% 이상의 한부모가정에서 어머니가 자녀를 돌보게 되는데 이 경우 아버지가 아들을 훈육할 기회를 잃게 된다. 아들에게 훈육이 일관되게 이루어지지 못하게 되고, 여아보다 좀 더 공격적이고 반항적인 남아를 어머니가 다루기 점점 힘들어지게 되며 아들 역시 아버지보다는 어머니에게 이런 감정을 더 노골적으로 드러내게 된다. 그러므로 이혼 후 달라진 환경보다는 이혼 후 달라진 훈육이 아들에게는 부정적인 영향을 미치게 되는 것이다. 또한 아들은 딸보다 부모의 갈등에 더 많이 노출된다고 한다. 그러니까 아들 앞에서 더 많이 싸우고 화를 내며 비난을 하는 등 조심스러운 모습을 덜 보인다는 뜻이다. 이뿐 아니라 아들은 선천적으로 딸보다 공격적인 소인을 더 많이 타고나고, 생물학적으로 더 활동적이다. 그러므로 반항적이고 말썽을 잘 일으키는 아들을 어머니 혼자 훈육하기는 어렵다.

일반적으로 혼자된 어머니에게 아들이 화를 내거나 무리한 요구를 하면 어머니는 자신이 아들을 잘 키우지 못한 것에 대한 무기력감을 느끼고, 아들 역시 남편과 같이 자신을 무시한다는 느낌에 무력감을 느끼면서 아들에게 화를 내게 되는 악순환이 반복된다. 또한 형제나 남매의 경우 보통 자매에 비해 서로 더 많이 싸우고 다툰다. 이혼가정에서 자매는 언니가 선생님과 보호자의 역할을 하면서 여동생을 돌보고 서로 의지하며 잘 지낸다. 그러므로 아들을 둔 가정에서는 이혼 후 아들에게 관심을 기울이고 아들도 겉으로는 무덤덤해 보여도 속으로는 상처를 많이 받고 있다는 것을 명심해야 한다. 아버지를 양육에 끌어들여 아들과 서로 소통하고 친밀감을 지속적으로 느낄 수 있도록 기회를 마련해 주는 것이 필요하다. 만일 그런 협조가 불가능한 경우에는 어머니가 아들을 이해하고 보다 효과적으로 다룰 수 있도록 주변의 도움을 얻거나 부모교육을 통해 기술을 습득하는 것도 도움이 된다.

아들을 키우는 어머니는 주변에서 가까운 친척, 특히 삼촌이나 할아버지, 친척 형들과 같이 아버지 역할을 대신할 사람들과 장기적이고 안정적인 관계를 맺도록 하는 것이 중요하다. 건강한 남성의 모델이 될 수 있는 코치, 태권도 사범, 선생님 등을 가능하면 많이 찾아서 다양한 관계를 맺도록 도와줘야 한다. 이 경우 지나치게 허용적이거나(원칙이 없이) 조직적이지 못한 선생님은 좋지 않고, 명확한 규칙을 제시하고 정기적으로 한계를 설정해 주고 따뜻함과 격려, 성숙하고 책임감 있는 행동을 조화롭게 갖춘 선생님을 찾으려는 안목을 갖고 있어야 한다.

아들을 키우는 것이 힘들다고 좌절할 필요는 없다. 자녀가 커 가면서 적응의 양상은 달라지는데 딸의 경우도 청소년기에 이르면 혼자된 어머니와 갈등을 겪는 일이 많아지고 재혼을 할 경우에는 아들이 딸보다 대체로 계부모를 더 잘 받아들이고 적응한다고 한다. 청소년기 딸의 경우 아버지가 자녀의 삶에 적극적으로 관여하지 않는다면 모녀 간의 갈등뿐 아니라 딸의 데이트나 이성관계에서도 어려움을 겪을 수 있다. 가장 좋은 해결책은 이혼을 했더라도 아버지와 어머니가 부모 역할을 포기하지 않고 일관된 원칙을 가지고 엄격하게 훈육하며 애정 표현을 적극적으로 지속하는 것이다. 이는 이혼한 부모나 함께 사는 부모나 부모로서 갖는 동일한 책임이다. 즉, 이혼을 했더라도 부모 역할은 계속해야 한다는 뜻이다.

# Part 3

## 부모의 이혼으로 힘들어하는 아이를 도울 수 있는 활동들

_ 이혼과정에서 부모가 자녀를 위해 가져야 하는 태도 및 놀이방법
_ 이혼과정에서 나타나는 자녀의 문제 양상 및 놀이방법
_ 이혼가정 아이들의 심리기저 양상에 따른 놀이방법

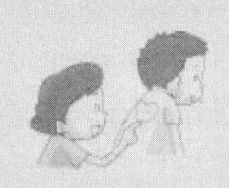

　여기에 소개된 놀이방법들을 살펴보면 너무나 간편하고 특별한 도구도 필요하지 않다는 것을 알 수 있다. 간혹 놀이에 대한 설명을 읽어 보기만 하고 '이것은 왠지 유치하다. 별것 아닌 것을 하라고 해 놓았네.'라는 생각이 들 수도 있다. 그렇지만 이런 생각은 아이와 실제로 놀이를 하면서 분명 변화될 것이다. 너무 단순하고 별로 재미있어 보이지 않는다 해도 엄마가 아이들에게 이런 놀이를 제안했을 때 즐거워하지 않는 경우는 결코 없다. 즉, 하지 않아서 재미없는 것이지 직접 놀이를 하면 지루함을 느끼지는 못할 것이다. 물론 여기에 소개된 활동들은 부모 이전에 아이들을 위해서 하는 것일 수도 있지만 부모가 우선 아이와 즐겁게 상호작용하는 방법을 배우기 위해서 부모 자신들도 최대한 즐겁게 활동에 임할 수 있어야 한다는 것을 강조하고 싶다. 또한 이혼과정에서 아이들에게 나타나는 심리기저에 따라 놀이의 방식이 다르다기보다는 소개된 놀이들을 꾸준히 하면서 상호작용이 증대되고 심리적으로 안정되면 다양한 부정적인 정서가 감소하게 된다는 점을 이야기하고 싶다. 이러한 놀이들은 특정 정서에만 영향을 미치는 것이 아니라 전반적으로 아이의 문제 정서를 다룰 수 있는 근원적인 바탕이 되어 줄 것이다. 다음의 글을 읽으면 아이들에게 놀이가 갖는 중요성이 얼마나 큰지를 다시 한 번 확인할 수 있다.

　뉴올리언스의 루이지애나 아동 박물관 입구에는 작자 미상의 이런 글이 적혀 있다. "나는 아이를 책으로 가르치려 했다. 아이는 당황스러운 표정이다. 나는 다시 아이를 말로 가르치려고 했다. 아이는 잘 듣지 않고 지나쳐 버린다. '도대체 이 아이를 어떻게 가르쳐야 하는 걸까?'라고 절망스럽게 울부짖었을 때 아이는 내 손에 비밀 열쇠를 쥐어 주었다. '이리 와요. 나랑 같이 놀아요.'"

# 이혼과정에서 부모가 자녀를 위해
# 가져야 하는 태도 및 놀이방법

{ **부모는 경청하는 자세를 가져야 한다** }

일단 부모는 자녀를 '알고 싶어 하는 자세'로 대하는 것이 중요하다. 이혼은 그 어느 때보다도 가족에게는 위기 상황이기 때문이다. 평소에도 경청하는 자세여야 하겠지만 이혼과정에서는 특히 부모가 자녀를 위해 열린 마음을 갖는 것이 중요한데, 부모가 자녀의 이야기를 주의 깊게 들음으로써 자녀가 소중히 여기는 것, 원하는 것이 무엇인지를 알 수 있기 때문이다. 진정한 경청은 자녀의 이야기를 평가하려는 부모의 태도를 막아 줄 뿐 아니라, 자녀 역시 성급하게 어떤 문제를 해결하지 않도록 돕는다.

 미취학 아동

이 놀이를 할 때 아이들이 싫어하는 경우를 거의 보지 못했다. 그만큼 아이들은 자신의 목소리를 다시 듣는 것을 신기해하고 재

미있게 느끼는 것 같다. 놀이는 간단한데 녹음기를 준비하여 아이의 목소리를 녹음하고 다시 들려 주는 것이다. 처음에는 그냥 단순하게 소리 지르는 정도로 시작할 수 있다. 그래도 이런 과정을 모두 부모가 수용해 주는 것이 중요하다. 아이들은 점차 자신의 목소리를 듣는 것이 재미있어서 길게 이야기하게 된다. 물론 아이들에 따라 그 속도가 다를 수는 있지만, 이 놀이에서 가장 중요한 것은 아이가 원하는 이야기를 마음대로 표현하고 녹음기에서 다시 들려 나오는 그 이야기를 부모와 함께 들어 보는 과정이다. 아이는 부모가 자신의 목소리와 표현을 중요하게 생각하기 때문에 녹음하는 것이란 걸 인식하고 점차 의사 표현에 자신감이 생기게 되어 더 많은 생각과 감정을 표현할 수 있다. 여기서 부모가 아이에게 모델링을 해 주고 싶다면 녹음기에 "♡♡야, 사랑해. 너로 인해 엄마가 얼마나 행복한지 기억해 다오."라고 먼저 녹음하여 들려 줄 수 있다.

### 우리 집, 우리 가족에 대한 이야기 _학령기 아동 및 청소년_

가족이 둘러앉아 각자 종이에 가족들의 이름을 모두 적고 <sub>이때 함께 살고 있지 않은 부모나 배우자도 적는 것을 원칙으로 한다</sub> 그 구성원과 나 사이에 관계되는 일 중 잊혀지지 않는 내용 한 가지를 떠올려 본다. 그다음은 만족스러웠던 점과 아쉬운 점을 적고 자유롭게 이야기한다. 이 놀이의 목적은 서로의 생각을 자유롭게 표현하고 나눠 보는 시간을 갖는 것이므로 절대 평가하거나 충고하지 않는다. 다만 이야기를 다 듣고 난 후 서로의 느낌을 전달할 수는 있다. 사실

이런 이야기들은 일상생활에서 자유롭게 표현될 수 있어야 하지만 부모는 늘 아이의 생각을 알고 싶어 하고 자신의 마음은 전해 주지 않기 때문에 아이들도 점차 마음의 문을 닫게 된다. 이 놀이는 부모와 자식이 함께 동등한 입장에서 게임을 하듯 이야기를 공유하는 것이기에 자연스럽게 서로의 생각을 표현해 볼 수 있다. 자녀들이 미취학 아동일 경우에는 평소에 자주 질문을 함으로써 서로의 생각을 파악할 수 있지만 이런 과정 없이 학령기와 청소년기로 넘어갔다면 일상생활에서 서로의 생각을 나눠 보고 이해할 수 있는 기회를 만들기가 쉽지 않다. 따라서 이런 놀이 방식을 사용하여 서로의 마음을 솔직하게 개방할 필요가 있다.

## 자녀의 언어적 표현은 물론 비언어적 표현에도 민감해야 한다

의사소통 방식으로는 언어적인 부분과 비언어적인 부분이 있다. 언어적 의사소통은 자녀가 자신의 사고나 감정을 전달하기 위해 사용하는 일차적인 수단이다. 따라서 자녀가 사용하는 언어적 표현에 대한 경청과 탐색은 원만한 의사소통을 이끄는 결정적인 역할을 한다. 뿐만 아니라 자녀의 비언어적 의사소통에도 민감해야 한다. 자녀들은 부모가 자신의 말뿐 아니라 표정의 변화와 몸짓에도 주의 깊게 귀를 기울이고 존중하는 태도를 가지는지의 여부에 따라 상대방을 신뢰하는 경향을 갖게 된다.

이 놀이는 신발이나 양말을 벗고 신을 때 하면 좋다. 양말을 벗기거나 신발을 벗을 때 발을 얼굴 가까이로 가져와서 만져 보고 간질이고 바람도 불어 준다. 이때 발을 보며 "안녕! 발가락" 하고 인

사한다. 그런 후 "잘 가! 발가락" 하고 인사하며 빠르게 발을 뒤로 혹은 옆으로 숨겨 준다. 그러면서 "어? 어디 갔을까? 발이 없어졌네. 너무 예쁜 발이었는데 다시 찾고 싶다."라고 울상을 하면 아이가 다시 발을 내민다. 엄마의 놀이 활동에 아이가 반응하는 것을 볼 수 있다. 유치한 듯 보이는 이런 작은 활동이 결국 부모-자녀 간의 의미 있는 상호작용이 되며, 자녀가 자신에 대한 부모의 비언어적인 애정 표현과 자신의 신체에 대한 만족감을 동시에 느끼도록 하는 중요한 활동이 된다.

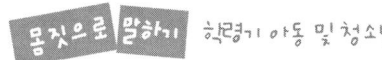

사전에 가족들이 여러 단어를 써 놓는 것이 중요하다. 처음에는 명사 위주로 단어를 선정하고 그다음에는 동사까지 확대해 볼 수 있다. '바나나, 연필, 물고기, 사랑한다, 걷다, 궁금하다 등' 이런 자료를 마련해 놓은 후 돌아가면서 말없이 몸짓으로만 단어 설명을 해 나가는 것이다. 단어를 제일 많이 맞춘 사람이 이기는 것으로 정할 수도 있고, 반대로 단어를 제일 많이 맞춘 사람을 위해 몸짓으로 잘 설명해 준 사람에게 칭찬을 아낌없이 해 줄 수도 있다.

{ 때로는 부모가 먼저
자신을 노출하는 것도 필요하다 }

부모의 자기 노출은 자녀와 관계를 개선하는 데 도움이 될 수 있다. 자기 노출이란 자녀에게 자신의 개인적인 경험이나 생각을 표현하는 것이다. 부모가 자신의 경험을 이야기하거나 자녀관계에 대한 그들의 생각을 자녀에게 밝히는 것이 중요할 때가 있다. 예를 들어, 이혼에 대한 이야기도 자녀에게 감추려고 하는 것만이 최선이 아니고 때로는 솔직하게 부모의 이혼과정에 대해 이야기해 주는 것이 필요할 때도 있다.

### 사랑하는 우리가족 — 미취학 아동

각자 도화지에 서로의 모습을 그린다. 그리고 그림에 대한 설명을 하면서 사랑을 확인하고 느낄 수 있도록 이야기를 나눈다. 간단한 활동이지만 서로 미처 깨닫지 못했거나 반성할 일들을 나눌 수 있고 또한 서로의 애정을 다시 한 번 확인할 수 있다. 예를 들어, 엄마가 아이의 얼굴을 그린 후 "은진아, 은진이는 눈이 참 아름다워. 엄마를 닮았어도 엄마 눈보다 훨씬 더 아름답지. 그 이유는 눈에 사랑이 많이 담

이혼과정에서 부모가 자녀를 위해 가져야 하는 태도 및 놀이방법

겨 있기 때문인 것 같아. 은진이 눈을 바라보니 사랑이 느껴진다."
라고 말할 수 있다. 평소에는 가족이라도 이런 이야기들을 아무 이
유 없이 하는 것에 낯간지러워하지만 그림을 그리고 나서 하게 되
면 이는 새로운 이유 및 새로운 경험이 된다. 이런 긍정적인 감정
에 대한 자연스러운 노출이야말로 부정적인 감정에 대한 노출까
지도 편하게 할 수 있게 만드는 밑거름이 된다. 아이에게 "네가 힘
든데도 유치원에 매일 잘 가 주니까 엄마가 얼마나 자랑스럽고 기
쁜지 몰라. 엄마 같으면 힘들어서 유치원에 안 가고 싶을텐데 말이
지."라고 말하게 되면 자연스럽게 어머니의 힘든 마음도 노출이
되지만 이는 결국 아이의 대처까지도 칭찬하는 두 가지의 효과를
가져온다.

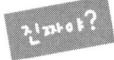 학령기 아동 및 청소년

다음의 질문을 쪽지에 적어서 상자에 넣어 둔다.

❶ 내가 가장 슬펐던 순간

❷ 내 인생 최고의 순간

❸ 내가 만났던 가장 인상 깊은 사람

❹ 정말 끔찍했던 일

❺ 행복했던 날
❻ 제일 재미있던 순간
❼ 무서웠던 순간
❽ 자랑스러웠던 날
❾ 창피를 당했던 날
❿ 이해할 수 없는 일
⓫ 시간을 되돌리고 싶은 일

돌아가면서 상자에서 질문지를 꺼내 그에 대한 답을 한다. 그렇지만 처음 설명할 때는 답을 솔직하게 할 수도 있고 가짜로 만들 거나 혹은 친구의 이야기를 대신 할 수도 있다고 말해 준다. 따라서 이야기가 진짜일 수도 있고 그냥 꾸며 낸 이야기 혹은 친구의 이야기일 수도 있다. 단 이야기를 들으면서 가짜라는 생각이 들면 그 사람은 탁자를 두드리며 질문한다. "진짜야?" 이럴 때 이야기를 한 사람은 자기가 한 말이 사실인지 아닌지 밝혀야 한다. 단 진짜인지 가짜인지만 설명할 뿐 누구의 이야기인지 말할 필요는 없다. 서로를 알고 이해하기 위한 시간이지 진실을 캐고 남의 비밀을 알고자 하는 시간이 아니므로 아이들이 부담스러워하는 질문은 피할 수 있는 센스를 부모가 지니기를 바란다.

{ 구체적인 칭찬을 한다 }

부모가 자녀의 감정과 과거의 성공을 중심으로 찬사와 지지를 하는 것은 부모-자녀 관계에서 중요한 역할을 한다. 그런데 이때 칭찬은 서로 의사소통하는 가운데서 자녀가 한 말이나 자녀가 보인 비언어적인 행동을 토대로 하는 것이 바람직하다. 피상적인 칭찬은 양가적인 감정을 가진 발달 시기의 자녀에게 오히려 반감을 불러일으킬 수도 있으므로 칭찬은 현실에 근거한 구체적인 것이어야 한다. 예를 들어, "너는 동생을 많이 사랑하는구나."라는 것보다는 "네가 동생을 때려 주고 싶을 만큼 얄미웠는데도 참았다는 말을 들으니까 네가 누나로서 동생을 얼마나 아끼는지 알게 되었단다."라고 언급하는 것이 좋다. 때로는 "굉장한데. 때리고 싶은 마음을 참는 것은 쉽지 않은 일인데, 어떻게 그렇게 할 수 있었지?"라고 하는 간접적인 칭찬도 매우 효과적일 수 있다.

## 스티커 찾기 _미취학 아동_

남자나 여자 아이 모두 스티커를 좋아한다. 아이들이 좋아할 만한 스티커를 미리 사서 이 게임을 하기 전에 4~5개를 뜯어 엄마 아빠가 자신의 얼굴 곳곳에 숨겨 붙인다. 예를 들어 목 뒤나 귓불 앞뒤, 혹은 귓등, 눈썹이나 이마 등에 붙이고 아이에게 "자, 스티커 4개가 엄마 얼굴에 붙어 있다. 한번 찾아보자."라고 말한다. 이때 아이의 행동을 따라가 주면 매우 효과적이다. "어머, 지금 귀에서 찾고 있구나. 찾았네. 자, 떼어서 엄마에게 줄래?" 이 놀이를 하다 보면 부모가 아이들을 저절로 칭찬하게 된다. 아이들이 스티커를 너무나 즐거워하며 잘 찾아내기 때문이다. 이런 찾기 놀이는 아이들을 자연스럽게 그리고 구체적으로 많이 칭찬해 줄 수 있는 계기를 만들어 준다.

### 칭찬일지 만들기 _학령기 아동 및 청소년_

아주 단순한 놀이지만 해 보고 나면 서로에게 이보다 더 좋은 애정 표현 방식은 없다는 것을 알게 된다. 아이에게 예쁜 노트를 사주고 거기에 칭찬일지라고 적어 주자. 그리고 매일 한두 가지씩 칭찬거리를 찾아 말만 하는 것이 아니라 노트에 직접 적어 준다. 말로 끝나면 사라질 수 있지만 일지에 적어 주면 아이들은 두고두고 그 칭찬일지를 보며 되뇌고 마음에 남아 두게 된다. 이런 단순한 과정을 통해 자존감이 높아진다. 칭찬은 고래도 춤추게 한다지 않는가.

{ 해결중심적인
대화를 많이 한다 }

　해결중심적 대화란 부모가 자녀의 생활에서 달라지기 원하는 것과 그것이 일어날 수 있는 가능성을 탐색하는 데 초점을 둔 이야기를 하는 것이다. 해결중심적 대화를 확대하기 위해서는 의사소통을 통해 자녀의 문제가 무엇인지, 자녀가 원하는 것, 즉 그들이 달라지기 바라는 것이 무엇인지, 그러한 일이 일어난 때가 있었는지, 또는 그러한 일이 일어날 가능성이 있는지 등을 탐색해야 한다. 이렇게 자세히 탐색하는 동안 자녀는 희망이나 문제해결 가능성에 대한 자신감을 가지게 되며, 궁극적으로는 자존감이 높아진다.

　예) **영희**: 엄마, 시험 본 거 성적 나왔어요. 지난번보다 안 좋아요.
　　**엄마**: 그래, 어디 보자. 그렇구나. 영희가 풀이 많이 죽었네. 기분이 안 좋구나.
　　**영희**: 네, 지난번보다 더 열심히 한 것 같은데…….
　　**엄마**: 더 열심히 했는데 성적이 더 잘 나오지 않아 많이 속상하구나.
　　**영희**: 맞아요. 더 좋은 성적이 나올 줄 알았는데 말예요.
　　**엄마**: 영희가 성적이 오르길 많이 기대했구나. 그런데 잘 안된 것 같아

서 실망했나 보다. 다음번엔 어떻게 하면 성적이 오를 수 있을까?

**영희**: 잘 모르겠어요.

**엄마**: 엄마는 지난번 중간고사 때가 생각나는데? 영희가 오답노트를 열심히 해서 성적이 많이 좋았잖아. 그걸 다시 해 보면 어떨까?

**영희**: 맞아요. 이번엔 그걸 안 했어요. 생각해 보니 그때는 정말 생각보다 성적이 좋았던 것 같아요.

**엄마**: 그래, 그때도 영희는 잘 해냈지. 이번에도 그럴 수 있을 거야. 엄마가 더 도울 일은 없겠니?

이 놀이는 가족치료의 해결중심치료 기법에서 쓰이는 척도 질문과 흡사하다. 예를 들어 아이가 기분이 좋지 않아 보여 "우리 은진이가 기분이 안 좋아 보인다. 지금 어떤 마음이니?"라고 물었을 때 자녀가 "엄마가 숙제 안 한다고 소리쳐서 나도 화났어."라고 말할 수 있다. 이때 일단은 "그래, 엄마가 소리쳐서 화났구나."라고 아이의 마음을 읽어 준다.

충분히 아이의 화난 감정을 이해해 주고 공감해 준 후에는 "너의 화난 마음을 네가 원하는 다른 것으로 바꾼다면 무엇으로 바꾸고 싶니?"라고 질문한다. 아이들은 화난 마음을 부모가 알아차리

고 수용해 주고 나면 금세 그 감정이 감소된다. 그런 만큼 쉽게 대치될 수 있는 감정을 찾는 것도 잘할 수 있다. "음, 화나는 것 대신에 난 행복하고 싶어." 아이들이 이렇게 얘기할 때 격려해 주는 것을 잊지 말아야 한다. "와! 넌 행복해지고 싶구나. 행복이란 말도 알고 정말 대단한데!" 그런 후에는 이 부분에 대해 척도화할 수 있다. "그럼, 지금 은진이가 얼마만큼 행복한지 알아볼까? 1에서 10까지 점수가 있어. 10점이 가장 행복한 것이고 1점이 가장 덜 행복한 것이지. 은진이는 지금 1점과 10점 사이에서 어디쯤 있는 것 같니?"라고 물어본다. 이렇게 숫자화하여 자신의 감정을 말하는 것은 자신의 감정 정도를 측정하도록 돕는 좋은 잣대다. 특히 화난 상태에 머무르지 않고 긍정적이고 원하는 감정을 향해 나아갈 수 있게 도우므로 더욱 치료적이다. 만약 아이가 현재 행복지수가 3점이라고 했다면 "엄마가 은진이의 행복지수를 3점에서 5점으로 올려 주고 싶은데 무엇을 어떻게 도와주면 좋을까? 알려 줄래?"라고 묻는다. 아이들은 너그러워서 엄마에게 도울 수 있는 방법을 구체적으로 알려준다. 아이스크림을 사 달라거나 혹은 TV 만화를 보게 해 주면 행복지수가 올라갈 것 같다고 말하기도 한다. 이때 아무리 부모가 생각하기에 유치하고 단순한 것이더라도 아이가 원하는 대로 해 주는 것이 제일 중요하다. 마지막으로 아이의 행복지수가 높아졌는지를 확인하는 것은 매우 중요하다.

## 훈육해야 하는 것을 두려워하지 말아야 한다

간혹 이혼 후 자녀가 심리적으로 많이 상심했을텐데 훈육까지 하려니 안쓰럽다고 생각하는 부모들이 있다. 아이들이 불쌍하다고 생각되어 부모로서 가장 중요한 역할 가운데 하나인 '훈육'을 포기할 수는 없다. 먼저, 훈육의 개념을 살펴보는 것이 중요할 것이다. 영어로 disciple은 학생과 제자를 뜻하므로 '가르치는' '배움을 주는' '훈계를 하는' 정도로 이해하는 것이 좋을 것이다. 그런데 우리는 '훈육'이란 단어 자체가 체벌이나 벌과 같은 부정적인 이미지를 갖고 있는 것으로 오해한다. 부모의 역할 가운데 애정과 양육nurturing & caring도 물론 중요하지만 '지식을 가르치고 훈계하여' 자녀를 성장하게 하는 '훈육'의 개념도 빼놓을 수 없는 요소다. 훈육뿐 아니라 훈련이란 명칭도 부모의 역할에서 중요한 부분을 차지한다. 운동선수들이 기초 체력과 고난이도 기술을 다지기 위해 반복적으로 하는 활동이 훈련이다. '훈련training'을 통해 '기차train'라는 단어가 연상되듯이 훈련은 비슷한 방안과 행동들을 반복하는 것으로 어떤 행동을 유지하고 그 사람의 것으로 소화하기 위해서는 이런 일관된 방식을 반복하는 것이 효과적이다. 따라서 부모가 자녀에게 바람직한 행동과 가르침을 잘 훈육하기 위해서는 필요한 부분을 일관적으로 반복해야 한다. 여기에서 '일관적'이라 함은 같은 행동에 대해 같은 반응을 보이는 것이다. 간혹 부모님들이 "가르쳤는데도 아이가 왜 금방 달라지지 않나요?"라는 질문을 자주 하는데 모든 행동이 자신의 것으로 흡수되기 위해서는 시간이 필요하다. 이런 훈육과 훈련의 개념은 비단 모든 부모에게 중요한 이슈이지만 특히 이혼한 가정에 있어서는 더욱 그러하다. 헤어져 살고 있는 두 부모의 훈육 기준과 방법이 다른 경우 자녀가 이런 훈육 방식의 차이를 역이용할 수 있고, 엄마는 이런데 아빠는 왜 이렇게 하냐는 식으로 표현하여 부모를 혼란스럽게 하며 부모가 자신의 훈육 방식에 대해 갈등을 경험하게 할 수도 있기 때문이다. 이런 훈육의 방침은 가족마다 다른데 공동 양육자인 부부 사이에서 합의되어야 하는 부분이다. 일반적으로 주 양육자, 즉 함께 살면서 양육을 담당하는 부모에게 일차적인 훈육 방침의 권한을 주어야 하며 나머지는 이를 수용하고 따르며 기준을 맞춰 주는 것에 동의하는 것이 필요하다. 그렇지 않으면 아이들의 행동에서 혼란이 생기고 불안이 증대되어 이곳과 저곳에서 안정되지 않은 모습을 나타낼 수 있을 것이다. 다이애나 바움린드Diana Baumrind라는 학자는 부모의 양육 방식을 민주형권위형, 독재형, 허용형, 방임형 네 가지로 나누었다. 이 가운데 가장 바람직한 부모상으로는 민주형을 꼽는데, 자녀의 의견과 자율성을 존중하는 양육태도를 말한다. 자녀와 의견 대립이 있을 때 타협을 통해 해결책을 찾되, 부모가 양보할 수 없는 부분에 대해서는 일관되게 분명한 원칙을 제시하는 것이다. 민주형과 자칫 혼동되기 쉬운 것이 허용형이다. 허용형은 매사에 자녀가 원하는 대로 하게 하고 자녀에게 전적인 자유를 준다. 때문에 허용형 가정에는 분명한 규칙이 없는 것처럼 보인다. 반면 독재형은 부모-자녀 간을 종적인 관계로 보고, 매사를 부모의 의사대로 결정한다. 독재형 가정에서 부모-자녀 관계는 일방적이어서 자녀는 좌절감을 느끼게 된다. 방임형은 허용의 단계를 넘어서 학대에 이르는 수준으로 양육과 훈육 두 가지 모두에서 일탈되어 있는 경우를 말한다.

### ✽ 훈육의 원칙

❶ 훈육은 양육자가 바람직하다고 여기는 방식들을 이용해 자녀가 효율적인 성인으로 성장할 수 있도록 규칙, 가치, 신념을 자녀에게 내면화 자기 것으로 만드는 것 시키는 것이다.

❷ 훈육의 방법은 자녀의 발달 단계와 연령을 고려하여 조절한다.

❸ 훈육이란 되도록 합리적이어야 하고 무섭게 하거나 강하게 하는 것이 아니라 수용적이고 공감적으로 다가가는 것이다.

❹ '된다, 안 된다' '좋다, 나쁘다'의 개념이나 부모의 관점을 무조건적으로 주입시키는 것이 아니고 자녀 스스로 자기존중감을 형성해 가면서 규칙이나 가치관 등을 습득할 때 가장 효과적이 된다.

## 이혼과정에서 나타나는 자녀의 문제 양상 및 놀이방법

> 이혼은 아이의 분리불안을 유발한다:
> "엄마도 언젠가 날 떠날지 몰라."

동화『헨젤과 그레텔』,『백설공주』,『피터팬』만 살펴보아도 이혼과 상관없이 부모로부터 유기되는 것에 대한 두려움은 발달과정에서 나타나는 공통된 주제라 할 수 있다. 그런데 부모의 이혼을 통해 이런 유기 및 상실에 관한 두려움은 사실상 증폭된다. 의미 있는 주 양육자인 부모가 가정을 떠났을 때 남아 있는 부모도 떠나리라는 두려움이 엄습하게 되는 것은 자명한 일이다. 그만큼 아동의 심리가 불안하다는 것을 알 수 있다. 이런 경우 혼자 있는 것을 거부하거나 밤에 악몽을 꾸며 혼자 잘 자지 못하는 경우도 있고 부모의 귀가 시간을 계속 체크하고 반복적으로 전화를 걸어 위치를 확인하기도 한다. 작은 일에도 쉽게 울거나 짜증을 내며 '죽고 싶다.' 라는 말을 되뇌기도 한다.

코뿔소 만들기  미취학 아동

형제와 자매가 모두 함께 참여하는 것이 좋다. 맨 처음 엄마나 아빠의 코에 면도용 거품을 묻힌 후 그다음 사람에게 코로 거품을 넘겨서 서로의 코로 거품을 옮기는 것이다. 이렇게 거품을 옮기다가 거품이 아예 없어지거나 거품을 떨어뜨리게 되는 경우 게임에서 지는 것으로 정할 수 있다. 가족이 많이 모이면 모일수록 좋지만 단 둘이 해도 참 흥이 나는 놀이다. 놀이를 통한 자연스러운 신체 접촉이 증가되면 심리적인 이완이 매우 촉진될 뿐 아니라 심리적인 안정감을 얻을 수 있고 서로에 대한 애정도 확인할 수 있다.

 학령기 아동 및 청소년

이 놀이에서 자녀의 등은 도화지가 된다. "이제부터 엄마가 네 등에다 그림을 그리거나 글씨를 쓸 거야. 무엇인지 알아맞혀 봐." 물론 아이들의 수준에 맞게 조절하는 것이 중요하다. 이 활동은 자연스럽게 아이의 등을 만져 주는 예를 들어, 다시 시작하는 의미에서 손바닥으로 등에 쓴 글씨를 지우듯이 쓱싹쓱싹 문지르며 새로 시작한다고 말해 준다 즐거운 경험을 하면서 친밀감을 형성하는 데 도움이 된다. 연령이 낮은 아이의 경우 단순하게 도형만 그릴 수도 있다. 이런 놀이 과정을 통해 아이는 반복적으

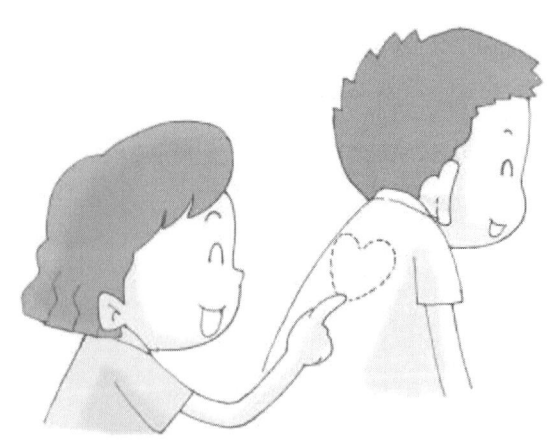

로 긍정적인 접촉을 하면서 심리적인 안정감을 획득할 수 있다.

{ 이혼에 대해 아이들이 갖는 책임의식이 있다:
"내가 잘했으면 엄마 아빠가 이혼하지 않았을 거야." }

아동의 생각은 자기중심적인데 세상이 자신을 중심으로 돌고 있다고 믿는다. 4~10세의 아이들은 환상과 현실을 구분하지 못해서 보통 부모의 이혼이 자신 때문이라고 믿는다. 비현실적인 사고로 보이지만 그만큼 아이들은 아직 사고가 취약하기 때문에 이런 책임의식을 갖기 쉽다. 따라서 지속적인 대화를 통해 아이가 이혼에 대한 책임의식을 갖지 않도록 도와야 한다.

아이들이 신체적으로나 심리적으로 다쳤을 경우 유용한 놀이방식이다. 실제 상처보다는 옛날 상처의 흔적 혹은 임의로 지정한 상처도 상관없다. "너의 상처에 엄마가 로션을 발라 줄 거야. 근데 바르고 나면 더 이상 아프지 않을 거야." 아이에게 로션을 발라 주는 동안 아이가 다른 상처를 더 찾을 수도 있다. 그것은 엄마가 상처에 로션을 발라 주는 것이 좋기에 더 많이 해 달라는 뜻이다. 만약

아이가 로션을 바르는 동안 왜 다쳤거나 아픈지 얘기한다면 이를 잘 들어 주는 것이 매우 중요하다. 이 놀이를 하면서 부모는 자연스럽게 이혼에 대한 이야기도 먼저 꺼낼 수 있다. "우리가 다치면 몸에 상처가 생기고 아픈 것처럼 마음도 아플 때가 있단다. 엄마와 아빠의 이혼 때문에 너도 마음이 많이 아플 거야. 그렇지만 이혼은 엄마와 아빠 어른들 간의 문제로 시작된 거야. 너와는 상관이 없는 문제란다. 그 부분을 꼭 기억해 주었으면 좋겠어."

{ 충성심에 대한 갈등이 생긴다:
"내가 아빠를 그리워하면 엄마가 속상해하겠지." }

아이들은 부모 중 누구의 편을 들거나 누군가를 선택해야 한다고 압박감을 느낄 때 심리적 부담이 매우 크다. 예를 들어, "넌 누구와 살래?"라고 질문하는 것부터 아이들에게는 큰 부담이 된다.

이런 중요한 사안을 아이들이 선택할 수는 없다. 중요한 결정은 부모가 의논해서 하되 그 결정에 대해서 자녀가 잘 이해할 수 있도록 정확하게 설명해 주어야 한다. 중요한 결정권은 부모가 가지고 있지만 늘 아이들의 의견을 존중하고 반영할 수 있다는 원칙을 알려 주기 위해서 다음과 같은 놀이가 도움이 된다.

 학령기 아동 및 청소년

이런 활동은 다소 지루해 보이고 구태의연한 것처럼 보일 수 있다. 서로 바쁜 와중에 무슨 설정된 상황 이야기를 가지고 토론을 해야 하나 의구심이 생기겠지만 이런 활동이야말로 서로의 생각을 이해하고 공유할 수 있는 가장 빠른 지름길이라고 볼 수 있다. 특히 학령기 및 청소년기 자녀를 둔 경우 이런 활동은 자신의 생각을 남들 앞에서 자유롭게 표현하고 자신감을 획득할 수 있는 좋은 기회를 주므로 적극적으로 해 보기를 추천한다. 또한 가족 내적이거나 사적인 이야기 대신 다소 중립적이고 객관적인 이야기를 유도함으로써 부모와 자녀 사이에 이야기를 나누는 것에 대한 심리적인 부담이 자연스럽게 줄어들 수 있다. 정말 중요한 이야기를 쉽게 나눌 수 있도록 하기 위한 예비과정이라고 생각하면 좋을 듯싶다.

- 엄마는 아이에게 신발을 사 주기 위해 아이와 함께 가게에 들어갔다. 엄마는 눈에 띄는 신발을 찾자마다 아이에게 신어 보라고 권유했지만 아이는 아예 신어 보지도 않으려고 한다. 유명 메이커 신발이 아니기 때문이다. 아이는 다른 신발을 찾아 들었고 그것을 사겠다고 말한다. 엄마 또한 안 된다고 한다.

(토론 내용) 서로 의견 조정을 할 수 있는 방법이 무엇이 있을까? / 유명 메이커의 신발과 그렇지 않은 신발의 차이는 무엇이라고 생각하는가?

- '만약에' 토론 – 만약에 내가 부자라면 / 만약에 내가 여자(남자)라면 / 만약에 나에게 날개가 있다면 / 만약에 내가 다른 나라 사람으로 태어났다면 / 만약에 내가 박지성이라면 / 만약에 내가 유명 연예인이라면 / 만약에 내가 공룡이라면

{ 아이들 가운데 부모화가 되는 경우가 있다: "내 아이는 내가 의지하는 친구 같은 존재예요. 우리 아이는 착하고 책임감도 강하지요." }

　이혼 후 부모가 경험하는 스트레스를 자녀를 통해 해소하려고 하는 것은 너무나 위험하다. 지나치게 심리적으로 의존적인 부모들이 있는데 이 경우 자녀들 가운데 한 명 정도를 종종 부모화<sub>아이가 부모의 역할을 대신하는 것</sub>하게 만든다. 아이들은 자연스럽게 자신을 부모의 한 측면으로 동일시하고 부모가 하지 못하는 역할에 대하여 본인이 담당해야 한다고 책임의식을 느끼는 경우가 있다. 이런 경우 아이는 나이에 맞지 않게 행동하거나 아이다움을 일찍부터 잃어버려서 삶에 대한 생기가 없어질 수 있다.

 미취학 아동

　얇은 이불이나 큰 비치타월이 필요하다. 마루에 이것을 깔고 아이를 위에 올라가게 한 후 핫도그를 만들 듯이 굴리는 것이다. 물론 김밥 말기라는 표현으로 바꿔도 상관없다. 대신 좀 더 재미있게 표현하기 위해 연기가 다소 필요하다. "나는 너무 배가 고픈데 여기 핫도그가 있네. 맛있겠다. 피클을 얹어서 먹어야지. 케첩도 뿌

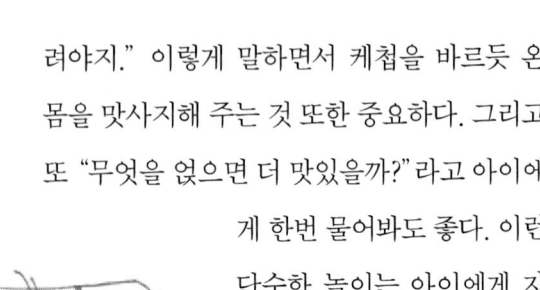

려야지." 이렇게 말하면서 케첩을 바르듯 온몸을 맛사지해 주는 것 또한 중요하다. 그리고 또 "무엇을 얹으면 더 맛있을까?"라고 아이에게 한번 물어봐도 좋다. 이런 단순한 놀이는 아이에게 자연스럽게 어린아이의 감정과 상태로 회복시켜 줄 수 있다.

 가족 나무 학령기 아동 및 청소년

가족들이 서로 자신의 가문과 뿌리를 이해하고 심리적인 지지를 얻는 데 목적이 있다. 나무를 크게 그리고 나서 밑둥부터 증조부모 이름을 써 간다. 그리고 조부모 세대, 부모 세대, 자녀 세대를 적어 가며 열매도 그려 주고 그 사람의 특징이나 직업, 나와의 관계를 적어 줄 수 있다. 가족이란 같이 살지는 않더라도 서로 한 뿌리를 가진 한 나무의 가지들임을 기억할 수 있다. 또한 이 놀이를 통해 자식이라는 하위체계가 다소 명백해질 수 있기 때문에 위계질서나 서로의 역할 차이에 대한 인지를 확실하게 할 수 있는 기회가 된다.

이혼과정에서 나타나는 자녀의 문제 양상 및 놀이방법

# 이혼가정 아이들의 심리기저 양상에 따른 놀이방법

{ 분노 표현을 돕고
해소하기 위한 놀이 }

 미취학 아동

아이들이 화가 났을 때 이 놀이를 하면 뭔가 시원해 하는 것을 볼 수 있다. 풍선을 분 후 풍선 위에 화난 자신의 감정을 써 보도록 한다. 무엇 때문에 화가 났는지 써도 되고 자신의 화에 대한 이름을 붙여서 적어도 된다. 예를 들어, 자신의 화난 감정을 '킹콩'이나 '폭탄'이라고 이름 붙일 수도 있다. 매직펜으로 풍선 위에 쓴 후 풍선을 자신이 터뜨리고 싶은 방식으로 마음껏 터뜨린다. 간혹 가위로 자르기도 하고 뾰족한 것으로 찌르거나 엉덩이로 깔고 앉아 터뜨리는 것을 좋아하기도 한다. 이렇게 풍선이 터지고 나면 풍선 위의 글씨가 매우 작아진 것을 볼 수 있다. 풍선을 터뜨리는 것만으로도 화난 감정은 수그러들지만 실제로 글씨가 매우 작아진 것을 보면 시각적인 감소의 효과를 얻게 된다.

### 점점 커져라! 학령기 아동 및 청소년

엄마나 아빠와 아이가 서로 마주보면서 활동이 시작된다. 활동의 방법은 일단 처음 시작하는 사람이 작게 미소를 짓거나 얼굴을 찡그리면 그다음 사람은 더 큰 표정을 짓는 것이다. 일단은 살짝 미소 짓기부터 시작한다. 부모가 아이에게 '즐거운' 감정이나 '속상한' 감정을 나눠서 해 보자고 말할 수도 있다. 나중에는 소리치면서 웃게 되고 소리 내어 우는 흉내를 낼 수 있다. 아이들은 마음껏 소리를 내어 웃거나 우는 흉내를 내며 간접적으로 감정을 발산하게 된다.

### ✼ 자녀의 분노에 대처하는 원칙

❶ 분노하고 있는 자녀에게 이야기할 기회를 제공하여 자녀의 분노한 감정이 표출되도록 한다. 일반적으로 분노가 표출될 수 있도록 허용될 때, 분노는 순식간에 없어진다. 분노하고 있는 자녀는 자신의 불쾌한 감정이 표현되어 수용된다는 느낌을 받기 전까지 부모의 도움을 받아들이려고 하지 않을 것이다. 강한 정서로 가득 차 있는 사람에게 논리적인 사고를 강요하거나 합리적인 정보를 제공하는 것은 어리석은 일이다.

❷ 비록 부모가 자녀가 분노하는 이유에 동의할 수 없다 하더라도 자녀에게도 분노할 수 있는 권리가 있다는 사실을 받아들이고 자녀를 하나의 인격체로 수용하는 것이 중요하다.

❸ 부모는 평상시 분노와 같은 부정적인 감정에 대해 자신이 하기 쉬운 비효율적인 반응을 점검해 보고 이를 효과적인 반응으로 바꾸려고 노력할 필요가 있다. 이 같은 예방적 연습은 자녀가 분노를 드러낼 때 자신의 반응을 보다 세련되게 표현할 수 있게 도울 것이다. 부모의 모든 반응을 왜곡하여 받아들이기 쉬운 예민한 청소년기 자녀와 대화할 때는 다음과 같이 세심하게 다가갈 필요가 있다.

- 부모가 자녀의 말에 귀를 기울이고 있다는 사실을 비언어적인 형태로 표현하면서 자녀를 있는 그대로 받아들인다는 태도를 보인다.
- 고개를 끄덕여 주고 친근한 관심을 보여 준다. 그리고 자녀에게 부모도 화가 나 있다는 오해를 불러일으킬 수 있는 어떤 동작이나 감정도 나타내지 않는다.
- 조용하게 반응하면서도 부모의 분명한 의사를 전달하는 것이 바람직하다. 부모는 적절한 개입의 순간을 포착하면 "나는 네가 이야기하고 싶어 하는 내용을 듣고 싶단다." "이 일은 매우 중요한 일이니까 이 문제에 대해 조금 더 이야기해 줄래?" 등으로 자녀에게 말을 건다.

❹ 돌발적 사태에 대한 신속한 해결책을 찾아보고 그에 대한 대안이 있으면 즉시 제시해 주는 것이 좋다. 예를 들어, 만약 자녀가 어떤 일을 하는데 사람들이 도와주지 않아서 화를 낸다면 부모는 여건이 허락하는 한 자녀를 돕는 것이 바람직하다. 그러나 이것은 분노에 대한 응급처치에 불과하며, 결코 분노의 원인 자체를 치유할 수 있는 것은 아니라는 점을 염두에 두어야 한다.

❺ 분노하는 자녀가 부모의 이야기를 들을 준비가 되었을 때, 자녀의 감정에 대해 반응하는 것이 바람직하다. 특히 자녀가 화를 내고 있는 문제가 부모의 이혼과 관련이 있다면 그러한 사실을 솔직히 인정할 수 있어야 한다. 부모가 현재 자녀의 기분이나 상황이 자녀에게 얼마나 중요한가를 인식하고 있다는 사실을 언어적, 비언어적 방법을 통해 전달한다. 부모는 자녀가 어떻게 느끼며 왜 그렇게 느끼는지를 이해하고 싶어 한다는 사실을 알릴 필요가 있다. 이때 피상적이고 진부한 반응을 보이지 말고 배려하는 마음과 관심 있는 태도를 보일 필요가 있다. "엄마와 아빠의 이혼 때문에 네가 화가 많이 났지. 왜 화가 나는지 이유도 모르면서 말이야. 엄마가 보기에도 네가 요즘 화가 나는 것을 참지 못해 힘들어하는 것 같더라. 엄마가 어떻게 도와줄 수 있을까?"

## 불안 및 우울을 해소하기 위한 놀이

### 실타래 찾기 — 미취학 아동

실타래가 없으면 다양한 색깔의 실을 30cm 정도로 잘라 몸 구석 구석, 곳곳에 숨겨 놓는다. 입고 있는 옷의 주머니나 양말, 속옷 등 몸 곳곳에 숨기되 때로는 투명 테이프로 붙여 놓을 수도 있다. "자, 엄마 몸에 실 뭉치가 숨겨져 있지. 잘 찾아 봐." 아이들에게 힌트를 주기 전 실의 끝부분을 조금씩 겉으로 보이게 꺼내 놓는 것이 중요하다. 이를 단서로 아이들이 쉽게 실을 찾을 수 있기 때문이다. 자연스럽게 색깔에 대해서도 배울 수 있다. "핑크색 실을 겨드랑이 밑에서 찾았구나. 대단한데. 어떻게 여기 있는 것을 알았을까?" 놀이를 할 때 아이에게 역할을 바꿔 보자고 권유해 보는 것도 필요하다. 혹은 아이가 자발적으로 하고 싶다고 말할 수도 있다. 아이는 엄마가 하던 대로 실을 숨길 것이고, 엄마가 자기가 숨긴 실을 찾아내는 것에 매우 행복해할 것이다. 이때 아이들은 대체로 엄마가 실을 찾기도 전에 자신이 먼저 눈이나 손으로 숨긴 곳을 가리켜 준다. 그러고 보면 부모보다도 아이들이 더 관대하고 너그러운 것 같다. 이런 숨기기와 찾기 놀이를 부모와 반복적으로 하다 보면 자연스럽게 분리불안도 사라질 수 있다.

 학령기 아동 및 청소년

사람은 누구나 그림자를 가지고 있다. 여기서 그림자는 자신이 인정하고 싶지 않은 자신의 모습일 수도 있고 부정적인 감정을 의미할 수도 있다. 이 놀이는 아이들에게 자신의 어두운 부분, 즉 불평이나 고민 등을 어떻게 받아들이고 해소하는지에 대한 방법을 보여 줄 수 있다. 이 놀이는 어두운 장소가 아니라면 특히 밤에 하는 것이 효과가 있다. 전등불을 끄고 벽을 향해 스탠드를 켜서 밝힌다. 스탠드 앞에 아이가 서도록 한다. 아이가 스스로 자신의 몸을 움직이면서 자신의 그림자를 탐색해 보도록 한다. 그 그림자를

보며 자신의 불만이나 문제들을 말하게 하고 좀 더 상징적으로 해소하고 싶을 때는 종이에 메모를 해서 그림자 안에 붙여 주는 것도 좋은 방법이다. 이런 과정에서 아이가 하는 것을 엄마나 아빠가 지켜보기만 하기보다는 좀 숫기가 없는 아이의 경우 부모가 먼저 시범을 보이는 것도 매우 중요하다. 감정 표현이나 적극적인 상호작용 또한 저절로 생기는 것이 아니라 모델링을 통해 배워 가는 것임을 기억하는 것이 좋다. 이런 놀이를 통해 자녀들은 예전에 부모의 부부싸움 중에 경험했던 논쟁이나 분노 표출에 대한 두려움도 간접적으로 표현할 수 있게 된다.

{ 소외감 및 사회적 고립을
해소하기 위한 놀이 }

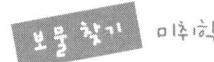 미취학 아동

보물을 적은 쪽지<sub>보물은 아이들이 좋아하는 것으로 하되 비싼 물건이 아니어야 좋다. 예를 들어, 좋아하는 과자나 스낵류 혹은 간단한 학용품이 적당하다</sub>를 미리 집안 곳곳에 숨겨 둔다. 한 번에 5장 정도가 적당하다. 아이들이 한 명 이상일 경우에는 아이들이 각자 좋아하는 것을 각각 3개 정도씩 준비하고 만약 찾았을 때 자신이 원하는 것이 아니라면 서로 교환할 수도 있게 한다. 아이들이 서로 기분이 상하지 않도록 찾을 수 있는 보물의 개수는 똑같 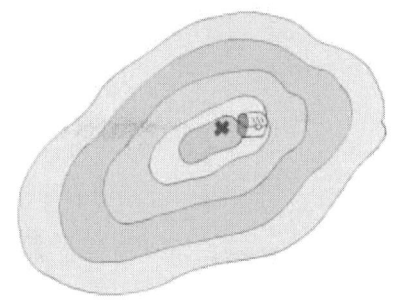 이 정하는 것이 바람직하다. 찾을 때는 그냥 찾는 것이 아니라 스무고개처럼 장소에 대한 힌트를 줄 수 있다('빵 굽는 냄새' 오븐 속, '우유의 집' 냉장고, '따르릉 따르릉' 전화기 밑).

## 조용한 이야기 | 학령기 아동 및 청소년

단어를 사용하지 않고 감정을 마임(말을 하지 않고 표정이나 몸짓으로 내용을 표현하는 것)으로 표현해 보는 것이다. 아이와 순서를 번갈아 가면서 해 보도록 하자. 가족의 이야기나 감정을 표현해 보고 싶다면 새로 이야기를 함께 꾸며서 해 보아도 좋다. 아이들은 이런 과정을 통해 자신이 느끼는 감정의 종류를 파악할 수 있고 그런 감정에 대한 표현 방식을 배울 수 있게 된다. 감정도 그리고 표현 방식도 모두 배워 가는 것인 만큼 이런 활동에서 부모의 역할은 매우 중요하다. 부모는 아이들과 활동하면서 감정의 표현 방식들을 간접적으로 많이 보여 주어야 한다. 아이들과 이런 활동을 게임식으로 하고 싶다면 종이에 여러 가지 감정을 써서 각자 종이를 뽑은 후 마임으로 감정을 표현하도록 한다. 그리고 각자 표현하는 것이 무슨 감정인지 서로 맞혀 볼 때 표현 강도가 증대되기도 한다. 처음에는 마임으로 감정을 표현하

| 이혼가정 아이들의 심리기저 양상에 따른 놀이방법 |

지만 더 이야기 나누고 싶은 감정이 있다면 그것에 대해 함께 공유할 수도 있다.

- 화: 형이 잘못한 것에 대해 내가 혼났다. 아버지는 내 이야기를 듣지도 않고 가 버린다. 나도 화가 나서 쫓아간다.
- 두려움: 밤에 방에서 혼자 자는 것은 너무나 무섭고 떨린다.
- 기쁨: 부모님이 놀이동산에 간다고 했고 그곳에 있는 상점에서 내가 사고 싶은 것 한 가지를 고르면 사 주겠다고 한다.
- 당황스러움 및 수치심: 선생님이 갑자기 질문에 답을 하라고 날 시키셨는데 잠깐 딴생각을 해서인지 전혀 답을 모르겠다. 아이들은 다 알고 있는지 날 보고 웃고 있다.
- 사랑: 엄마가 안아 주면서 "자랑스럽고 너무 이쁜 우리 아기, 너로 인해서 엄마는 너무 기쁘고 행복해."라고 말씀했다.

자녀들은 부모의 이혼으로 쉽게 자신감을 잃고 대인관계에서 고립되는 경우가 있다. 혹자는 '이혼 자체가 자녀에게 손상을 입히지는 않지만 부모 사이에서 일어나는 전면전은 자녀에게 재앙을 가져올 수 있다.'라고 한다. 이처럼 부모의 관계 실패 경험이 자녀들에게까지 파급되어 영향을 미침으로써 대인관계에 대한 심한 좌절과 고통을 경험하게 할 수 있다. 특히 부모가 서로 헐뜯고 깎아 내리는 언행을 하는 과정을 계속 지켜보게 되면 자녀들 또한 자기 스스로 엄청난 상해를 입는다. 결국 이는 사회적인 고립을 초래하는데 특히 이런 성향이 성격적으로 발전되지 않도록 하기 위해서는 반복적으로 자신의 감정을 표현하고 그것이 수용되는 경험을 가정 내에서 비언어적, 언어적으로 하는 것이 중요하다.

{ 낮은 자존감 및 위축을
해소하기 위한 놀이 }

### 그리는 음악  미취학 아동

어떤 음악이든 괜찮지만 기왕이면 기분이 좋아지는 음악을 트는 것이 더 바람직하다. 음악을 틀고 아이에게 음악을 들으면서 느껴지는 감정에 따라 자유롭게 움직이며 그림을 그리라고 말한다. 그림을 잘 그리건 못 그리건 그런 기술적인 능력에 대해서는 잊고 자신의 내면의 소리에 귀를 기울일 수 있도록 한다.

### 몸이 말한다 — 학령기 아동

　단어가 적힌 종이를 보고 쓰인 단어에 대한 표현이나 모양을 몸으로 표현해 본다. 예를 들어, '안 돼, 안 돼. 나 여기 있어요. 나는 너무 부끄럼쟁이야. 나는 너무 피곤해. 나 좀 내버려 둬요. 절대 안 돼! 궁금해.' 등의 단어들을 종이에 적어 놓는다. 번갈아 가면서 몸으로 단어를 설명하면 상대방이 정답을 맞추는 방식으로 해도 좋다.

## 나의 역사표 _학령기 아동 및 청소년_

역사표란 나의 과거뿐 아니라 미래를 예비하는 과정에서도 윤곽을 설계하는 데 도움이 되는 지표가 된다. 일단 종이에 수평선을 그리고 왼쪽부터 1cm씩 칸을 만들어 간다. 만약 1세 때 걸음마 시작이라고 썼다면 4세 때 유치원 입학, 6세 때 한글 깨치기, 8세 때 초등학교 입학 등을 적어 넣을 수 있다. 그 외에 병원 입원 경험이나 여행, 특별한 선물이나 형제의 탄생 등을 적어 가며 경험의 일부를 묘사하는 것에서 그치지 않고 자신의 감정까지도 공유할 수 있다. 만약 나의 역사표에서 10세 때 부모의 이혼에 대해 적어 넣었다면 그 부분에 대해 서로의 감정을 이야기해 보고 수용해 주는 경험을 할 수 있도록 한다.

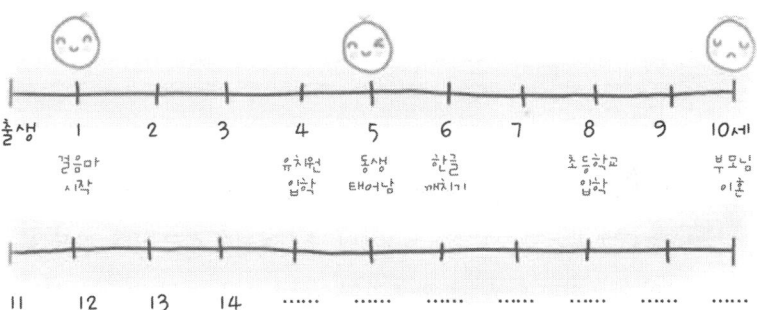

부모의 이혼과정에서 자녀들은 자신 스스로를 부정하게끔 된다. 이는 심리적으로 위축되고 자존감이 낮아진 데서 기인한다. 이혼가정의 자녀들이 단순한 질문에 대해서도 쉽게 의욕을 상실하거나 답하는 것에 대해 자신 없어 하는 경우를 보게 된다. 사실 앞에서 언급되었던 심리기저들 가운데 몇 가지만 아동들에게 나타나는 것이 아니라 전반적으로 이런 모든 복합적인 감정들이 뒤얽혀서 나타난다. 이혼은 자녀에게 중대한 위기 상황이며 극도의 스트레스를 경험할 수밖에 없는 상황이다. 그렇지만 더 중요한 사실은 아이들이 심리적인 탄력성이 좋아서 조금만 노력하면 이러한 위기를 극복하고 회복될 수 있다는 점이다. 부모가 이혼과정에서 아이들과 원활하게 상호교류하고 부정적인 정서를 잘 다룰 수 있도록 서로 협력을 한다면, '이혼가정'이라는 딱지가 주는 부정적이고 갈등적인 모습 대신 성공적인 가정생활을 유지하고 자녀가 건강하게 성장하도록 할 수 있을 것이다.

강재은(39세) 씨는 남편과 이혼한 지 7개월이 되었다. 이혼 후 초등학교 4학년인 아들 한재민과 유치원생인 딸 한수연과 살고 있다. 간혹 외삼촌이 와서 아빠의 역할을 해 주기도 하고 외조모를 포함한 친정 식구들의 도움을 받으면서 살아가고 있지만 여전히 아이들이 심리적으로 안정되고 있는지 걱정이 앞선다.

이혼 사실을 언제 알릴까 고민하다가 둘째는 아직 어려서 첫째에게만 조심스럽게 이야기를 꺼냈다. 이해까지 바라진 않지만 아이가 알고 있으면 좀 더 적응을 잘하지 않을까 싶어 이야기해 주었다. 둘째 아이는 아빠가 전화를 자주 하지 않는 것에 대해 불만을 토로하기도 하고 언제 다시 아빠와 살 수 있냐고 묻기도 한다.

이혼 후 달라진 점이 있다면 수연이는 유치원에 잘 가려 하지 않고 집 안에서조차 잠시도 엄마와 떨어져 있지 않으려고 하는 점이다. 재민이는 엄마에게 소리치고 급작스럽게 화를 내며 자주 운다. 재은 씨는 스스로의 감정도 추스르기가 어려운데 아이들마저 불안정해 보여서 속상하다.

남편이 양육비를 정기적으로 일정하게 주는 것이 아니어서 재은 씨는 최근 결혼 후 처음으로 경제 활동을 다시 시작하게 되었다. 그러다 보니 상담기관에서 지속적으로 아이들을 상담받게 하는 것이 쉽지 않아 어떻게 하면 혼자 아이들을 효율적으로 양육할 수 있는지 상담 전문가에게 조언을 받았다.

재은 씨는 두 아이들과 특별한 놀이시간을 정기적으로 갖기 시작했고 일주일에 한 번 20분씩 아이들과 온전하게 놀이를 하기로 결정했다. 시간을 내는 것이나 전화도 받지 않고 놀이에 집중하는 것이 결코 쉽지 않았다. 그렇지만 아이들이 너무나 좋아해서 계속 노력하게 되었다.

분노 폭발이 심한 재민이에게는 풍선 터뜨리기를 함께 해 주었다. 그러면서 아이와 엄마 모두 화가 날 수 있고 감정을 표현하면 그 감정에서 자유로워진다는 사실을 새롭게 발견했다. 외삼촌은 운동을 좋아하는 재민이와 주말에 나가 자전거나 인라인을 타고 함께 축구도 한다. 운동 경기만큼 공격성을 적절하게 표출할 수 있는 매개도 없다. 수연이의 경우는 분리불안이 생겨서 '실타래 찾기'나 '스티커 찾기' 게임을 함께했다. 여자 아이라 스티커나 색깔 실을 좋아할 뿐더러 숨기고 찾는 것에 매우 집착하는 것처럼 보였다. 때로 엄마에게 힌트를 열심히 주기도 했다. 이런 놀이시간을 반복하면서 재은 씨는 아이들이 조금씩 안정되는 것을 느꼈다.

부
록

## 이혼 후 자녀와 관련된 법적인 문제

 친권

(1) 친권이란 미성년인 자녀(만 20세 미만자)를 양육, 감독, 보호하고 그의 재산관리를 적절히 함으로써 그의 복리를 확보하도록 하기 위한 부모의 권리이자 의무를 말하며, 그 내용은 다음과 같다.

(2) 자녀의 신분에 관한 권리의무
   ① 자녀를 보호하고 교양하여야 할 권리와 의무
   ② 자녀가 거주할 장소를 지정하는 거소 지정권
   ③ 자녀를 교양하기 위한 징계권

(3) 자녀의 재산에 관한 권리의무

　① 자녀가 취득한 재산에 관한 관리권

　② 자녀의 재산에 관한 행위에 대하여 대리권 행사

　③ 자녀가 스스로 하는 재산행위에 관한 동의 · 허락권

## 양육권

(1) 민법은 이혼 시 자녀의 양육을 누가 할 것인지, 그 비용은 얼마로 하며 누가 부담할 것인지에 관하여 협의에 의하여 정하도록 하고 있으며, 만일 양육에 관한 협의가 이루어지지 아니하거나 협의할 수 없는 때에는 가정법원은 직권으로 또는 당사자의 청구에 따라 이에 관하여 결정하도록 하고 있다. 민법 제837조 제1항, 제4항

(2) 통상 양육권은 신체적 양육권, 공동 양육권, 분할 양육권으로 나누어 생각해 볼 수 있다.

　① 신체적 양육권: 양육의 내용이 무엇인가에 대해서 민법에 특히 정하고는 있지 않으나, 대개 자녀를 보호, 교육, 징계하고 함께 사는 혹은 그의 주거를 지정하는 행위를 말하며, 누군가 부당하게 자녀를 억류하는 자에 대한 인도 청구를 포함한다. 즉, 일반

적으로 자녀의 일차적인 양육을 의미한다.
② 공동 양육권: 한 사람 이상이 법적 양육이나 신체적 양육을 할 권리다.
③ 분할 양육권: 일방 형제자매는 한쪽 부모와 살고 다른 형제자매들은 다른 부모와 사는 상황을 가르키며, 의사결정 권한은 부모 중 동거하는 쪽에 있다.

(3) 양육권자 결정에 대한 기준

양육권자를 결정함에 있어서 가장 중요한 기준은 자녀의 이익에 어떤 것이 가장 좋은가 하는 것이다. 이러한 관점에서 자녀의 연령, 성별, 부모의 재산 상황, 직업, 양육권자 자신의 희망여부, 다른 가족과의 관계, 가정, 학교, 사회 등에서의 자녀의 적응여부 등을 고려하여 결정하게 된다.

다만 실무상은 ① 자녀의 나이가 어린 경우에 모에게 유리하고, ② 여자인 자녀의 경우 모에게 유리하며, ③ 자녀를 현재 양육하고 있는 쪽이 유리하다. 따라서 이혼 시 집을 나오는 경우 양육의 희망이 있다면 자녀를 데리고 나오는 것이 유리하다. 다만 자녀가 15세가 넘으면 자녀의 의사를 확인하여 양육권자를 정한다.

양육권자는 반드시 부모 중 어느 한쪽만이 아니라 시부모, 친정부모, 일정 기관 등 제3자를 양육자로 선정할 수도 있다.

자녀의 거소지정이나 징계, 급박한 수술동의 등 자녀의 신체상의 문제, 그리고 교육의 내용, 학교의 선정, 신앙생활 등은 양육자가 결정할 수 있다.

그러나 결정된 양육사항은 그 밖의 부모의 권리의무에는 아무런 변경도 가져오지 못한다.

양육 기간에 관하여 특별히 정하지 않을 경우에는 양육 기간은 자녀가 성년에 달할 때까지가 된다.

(4) 양육비의 부담

부모는 자녀의 출생과 동시에 공동으로 양육할 책임이 있으므로, 이혼을 하였을 경우에도 여전히 자녀의 양육에 소요되는 비용은 원칙적으로 부모가 공동으로 부담해야 하는 의무를 진다. 따라서 이혼으로 인해 부모 중 어느 한쪽만이 자녀를 양육하게 된 경우 상대방에 대해 현재 및 장래 소요될 양육비 중 적정 금액을 청구할 수 있다.

다만 과거의 양육비의 경우는 그 비용을 청구할 수 있음이 원칙이라고 하겠으나, 당사자의 경제상황이나 경제적 능력과 부담의 형평성을 고려하여 상대방에게 모두 부담시키는 것이 지나치게 가혹할 경우 가정법원이 적절히 분담범위를 정할 수 있다.

(5) 양육비의 변경

이혼의 당사자가 자녀의 양육에 관한 사항을 협의에 의해 정했다고 하더라도 필요한 경우 가정법원은 얼마든지 양육에 필요한 사항을 변경 또는 다른 처분을 할 수 있다. 따라서 양육비 부담자가 예상치 못한 실직, 부도 등 경제사정이 악화된 경우에는 가정법원에 양육에 관한 변경의 조정 및 심판을 청구할 수 있다.

## 면접교섭권

(1) 면접교섭권이란 이혼 후 자녀를 직접 양육하지 아니하는 한쪽이라도 자녀와 직접 만나거나 전화 혹은 편지 교환 또는 접촉할 수 있는 권리를 말한다. 민법 제837조의2 우리가 외국영화를 보다 보면 엄마의 양육하에 새아빠와 사는 아이가 친아빠를 만나 놀이공원을 가곤 하는 장면을 볼 수 있는데 이것이 면접교섭권과 관련된 구체적인 모습이다.

민법이 이러한 제도를 두는 이유는 혼인이 배우자 간의 문제로 인해 종료되더라도 그 영향이 자녀들에게 가장 덜 미칠 수 있도록 함과 동시에 아직 미성년인 자녀들이 계속해서 친부모를 만남으로써 부모 자식 간의 정을 유지하도록 하고 친부모의 관심과 사랑

속에서 정상적인 성장을 할 수 있도록 하기 위함이다.

(2) 면접교섭에 있어 구체적인 자녀와의 면접교섭의 일시, 횟수, 장소는 부모가 미리 협의하여 정해야 하며 그 협의의 내용은 제한이 없지만, 만일 이혼에 임해 있는 부모의 격한 감정 등으로 인해 협의가 잘 되지 않을 경우에는 법원에 조정 또는 심판을 청구하여 결정을 받게 된다.

법원은 면접교섭의 시기나 횟수, 방법에 있어 자녀의 관점에서 우선 결정하고 부모의 욕구는 그다음으로 고려하며, 구체적인 면접교섭의 모습은 자녀와 양육하지 아니하는 한쪽 부모와의 주말 혹은 방학 중의 동거 및 여행, 영화관람, 쇼핑, 전화, 서신교환 등이 될 수 있다.

(3) 면접교섭권은 부모에게 주어진 고유한 권리이자 절대권으로서 포기할 수 없는 권리다. 그러나 부모에게 주어진 권리라고 하더라도 면접교섭권이 인정되는 취지는 자녀의 정상적인 양육을 위한 것이므로 만일 자녀의 교육이나 생활에 방해가 된다면 당사자의 청구에 의하여 법원은 면접교섭권을 제한하거나 배제할 수 있다. 민법 제837조의2 제2항

즉, 면접교섭권은 양육권을 침해할 수 없는 권리로서 자녀의 양

육에 오히려 방해가 될 경우―예를 들어 부모의 폭력성, 문란한 생활, 잦은 자녀와의 약속위반, 정신질환 등―당초에 정해진 면접교섭의 내용이 제한될 수 있다.

_ 법률자문: 심봉석 변호사

## 참고문헌

이재연 역(2003). 이혼한 부모를 위한 50가지 자녀 양육법(Nicholas Long, Rex L. Forehand 공저). 한나.
박영희, 석말숙, 윤명숙 공역(2004). 이혼가정 자녀를 위한 심리치료(Richard A. Gardner 저). 양서원.
신라대학교 가족상담센터 편역(2005). 이혼조정 매뉴얼. 양서원.
성정현, 김희수, 박한샘, 양심영, 양혜원, 전명희, 주소희, 최정숙 공역(2006). 이혼가정 자녀 어떻게 돌볼 것인가(Edward Teyber 저). 청목출판사.
이지선 역(2006). 이혼 후에 잘 길러야 아이 인생이 달라진다(Jill Burrett 저). 북하우스.
한국청소년상담원(2005). 이혼자녀를 위한 부모교육 프로그램 개발 연구. 한국청소년상담원.

Ahrons, C. R. (1980). Redefining the Divorced Family: A Conceptual Framework. *Social Work, 25*(6), 437−441.
Bailey, B. A. (2000). *I Love You Rituals*. Harper Paperbacks.

Sher, B. (1998). *Self-esteem Games*. Jossey Bass.
Sher, B. (2004). *Smart Play*. Jossey Bass.
Wallerstein, J. S., & Kelly, J. B. (1976). The Effects of Parental Divorce: Experiences of the Child in Later Latency. *American Journal of Orthopsychiatry, 45*, 256-259.
Wallerstein, J. S., & Kelly, J. B. (1979). Children and Divorce: A Review. *Social Work, 24*(6).

# 찾아보기...

## 인명

Ahrons, C. R. 43
Baumrind, D. 143

Kelly, J. B. 43
Wallerstein, J. 27

## 내용

가출 35
걸음마기 108
경청 124
공감 88
공동 양육 61, 95
공동 양육권 173
구체적인 칭찬 134

낮은 자존감 165
놀이치료 47

ⓒ
당황스러움 164
대인관계 164
독재형 143
두려움 164

## ㅁ

면접교섭권 175
무력화된 아버지 103
무책임한 아버지 102
민주형 143

## ㅂ

방문 75, 82
방임형 143
버림받는 것에 대한 두려움 35
별거 51
보상 92
부모 역할 89
부모의 자기 노출 130
부인 31
분노 29, 47, 101, 156
분노 표현 154
분리불안 35, 144
분할 양육권 173
불안 159
비난 38
비언어적 표현 127

## ㅅ

사랑 164
사회적 고립 162
소외감 162
수동공격적 행동 46
수치심 164
스트레스 96

## 스티커 136
신체적 양육권 172
심리치료 46

## ㅇ

악몽 30
애도 33
애착 형성 78
양육권 172
양육비 85
양육책임자 108
언어적 표현 127
역사표 167
영아기 108
우울 33, 159
위축 165
유년기 105, 109
이혼 51
이혼 절차 21
이혼율 15

## ㅈ

재혼 72
죄책감 35, 38, 39, 40, 42
지나친 성숙 41

## ㅊ

책임의식 147
척도화 140
청소년기 107, 111

충성심　40
충성심에 대한 갈등　148
친구 같은 아버지　103
친권　171
칭찬일지　137

**ㅌ**

탄력성　168
퇴행　41

**ㅎ**

하위집단　44

학령 전기　105, 110
학령 후기　106, 110
해결중심적 대화　138
행복지수　141
허용형　143
호소문제　13
화　164
훈육　73, 141
훈육의 원칙　144

저자들은 아동과 청소년, 가족 심리치료 기관인 한스카운셀링센터에서 지속적으로 상담을 하면서 그것을 바탕으로 심리치료 도구 개발과 저술활동을 하고 있다. 이들이 공동으로 개발한 심리치료 도구에는 '게임 속의 이야기' '나를 찾는 여행' 등이 있으며, 공동 저서로는 '아동과 청소년 문제해결 시리즈'가 있다.

### 김유숙
- 일본 동경대학교 의학부 석·박사학위(임상심리전공)
- 가족치료 슈퍼바이저, 가족상담 지도감독자, 놀이치료 교육전문가, 모래놀이치료 지도감독자
- 현 서울여자대학교 교육심리학과 교수
- 저서: 가족평가 핸드북, 모래놀이치료의 본질, 아동과 청소년 심리치료, 자기실현과 정신건강

### 박진희
- 서울여자대학교 교육심리학과 박사과정 수료
- 아주대학교병원 정신과 임상심리수련과정 수료
- 임상심리전문가, 정신보건임상심리사 1급

### 최지원
- 서울여자대학교 교육심리학과 박사과정 수료
- 아주대학교병원 정신과 임상심리수련과정 수료
- 정신보건임상심리사 2급, 상담심리사 2급, 치료 레크리에이션 전문가

| 아동과 청소년 문제해결 시리즈 1 |

## 이혼가정의 아동 · 부모의 이혼으로 힘들어하는 아이를 어떻게 도울 것인가? ·

**초판 1쇄 발행** 2010년 1월 23일
**초판 7쇄 발행** 2024년 1월 25일

**지은이** 김유숙 · 박진희 · 최지원
**발행인** 김진환

**발행처** (주)학지사
**발행처** 이너북스　**주소** 서울특별시 마포구 양화로 15길 20 마인드월드빌딩
**대표전화** 02-330-5114　**팩스** 02-324-2345
**출판신고** 2006년 11월 13일 제313-2006-000265호
**홈페이지** http://www.hakjisa.co.kr

ISBN 978-89-92654-16-6 03180

정가 10,000원

※ 잘못된 책은 구입하신 곳에서 바꾸어 드립니다.
※ **이너북스** 는 (주)학지사의 단행본 브랜드입니다.

### 출판미디어기업 **학지사**

간호보건의학출판 **학지사메디컬** www.hakjisamd.co.kr
심리검사연구소 **인싸이트** www.inpsyt.co.kr
학술논문서비스 **뉴논문** www.newnonmun.com
교육연수원 **카운피아** www.counpia.com